Bessere Fotos mit dem Smartphone

Das passende Fotohandy finden

Tipps für gelungene Aufnahmen

Nachbearbeitung und Datensicherung

Verein für Konsumenteninformation (Hrsg.)

Steffen Haubner

Bessere Fotos mit dem Smartphone

Impressum

Herausgeber
Verein für Konsumenteninformation (VKI)
Linke Wienzeile 18, 1060 Wien
ZVR-Zahl 389759993
Tel. 01 588 77-0, Fax 01 588 77-73, E-Mail: konsument@vki.at
www.vki.at | www.konsument.at

Geschäftsführung
Mag.(FH) Wolfgang Hermann

Autor
Steffen Haubner

Lektorat
Mag. Gernot Schönfeldinger

Grafik/Produktion
Günter Hoy

Foto Umschlag
Jenny Sturm/Shutterstock.com

Fotos Textteil
Steffen Haubner
(wenn nicht anders angegeben)

Druck
Holzhausen Druck GmbH,
2120 Wolkersdorf

Bestellungen
KONSUMENT Kundenservice
Mariahilfer Straße 81, A-1060 Wien
Tel. 01 588 774, Fax 01 588 77-72
E-Mail: kundenservice@konsument.at

Wir sind bemüht, so weit wie möglich geschlechtsneutrale Formulierungen zu verwenden. Wo uns dies nicht gelingt, gelten die entsprechenden Begriffe im Sinne der Gleichbehandlung grundsätzlich für beide Geschlechter.

Verein für
Konsumenteninformation
ISBN 978-3-99013-103-9

€ 19,90

Bibliografische Information der Deutschen Nationalbibliothek
Die Deutsche Nationalbibliothek verzeichnet diese Publikation in der Deutschen Nationalbibliografie; detaillierte bibliografische Daten sind im Internet über http://dnb.d-nb.de abrufbar.

Zu diesem Buch

Das Handy aus der Tasche ziehen, ein paar Fotos schießen, anschauen, aussortieren, zuschneiden, eventuell ein bisschen mehr Helligkeit, Kontrast oder Farbsättigung dazugeben (oder einen der weithin beliebten Filter?), und dann auch gleich mit Freunden oder der Familie teilen. Bei aller berechtigten Skepsis dem Smartphone gegenüber, ist es in seiner Multifunktionalität dann doch wieder ein geradezu geniales Werkzeug.

Neben der telefonischen und schriftlichen Erreichbarkeit, ist speziell die Fotofunktion für viele Nutzer ein ausschlaggebendes Argument dafür, das Smartphone immer griffbereit zu haben. Eine klassische Digitalkamera, deren Entwicklung eigentlich auch erst wenige Jahrzehnte zurückliegt, ist oft gar kein Thema mehr. Zumindest mit den Kompaktkameras können viele aktuelle Smartphones qualitätsmäßig locker mithalten.

Erstaunlich, was deren winzige Objektive in Kombination mit „intelligenter" Software zu leisten vermögen – und das großteils automatisch. Tiefergehende fotografische Kenntnisse sind nicht nötig. Einen kleinen Blick hinter die Kulissen zu wagen, schadet freilich nicht. Zu wissen, worauf man achten muss, macht letztlich den Unterschied zwischen guten und besseren Fotos aus.

Somit ist auch schon erklärt, was dieses KONSUMENT-Buch leisten kann. Egal, ob Sie bereits ein Smartphone besitzen oder sich ein neues kaufen möchten – mit den Hintergrundinformationen, sowie den praxisbezogenen Tipps und Anleitungen aus diesem Buch können Sie mehr aus der Kamera Ihres Handys herausholen. App-Empfehlungen, Beispiele für Nachbearbeitung und Archivierung Ihrer Fotos sowie ein paar wichtige rechtliche Informationen runden das Buch ab.

Wir wünschen Ihnen viel Freude und schöne Erinnerungen mit guten, nein, besseren Fotos aus der Kamera Ihres Smartphones!

Ihr KONSUMENT-Team

Inhalt

Die technischen Grundlagen

Der technische Hintergrund der Digitalfotografie
und die Anwendung in der Praxis

Kurze Geschichte der Digitalfotografie

Obwohl es ab Mitte der 70er-Jahre eine Handvoll Vorläufer gab, gilt als erste wirkliche Digitalkamera das 1991 von der kalifornischen Firma Dycam auf der Computerfachmesse CeBIT als „Model 1" vorgestellte Gerät. Es war mit einem lichtempfindlichen CCD-Sensor sowie einem Speichermodul ausgestattet. Die Aufnahmen konnten also direkt auf einen Computer übertragen werden. Das ist eines der wesentlichen Charakteristika der digitalen Fotografie: Die Aufnahmen können praktisch unendlich reproduziert und weitergegeben werden, und sie lassen sich zudem in einem vorher nicht vorstellbaren Ausmaß bearbeiten.

In ihrem Grundlagenwerk „Digitale Fotografie" beschreibt die Fotografin Marion Hogel die Entstehung einer digitalen Aufnahme so: „Sensoren in der Kamera wandeln mit ihren lichtempfindlichen Fotodioden das Licht in elektrische Ladungen um. Aus diesen Ladungen wird anschließend vom Bildprozessor ein digitales Bild mit Helligkeits- und Farbinformationen erzeugt."

Sensor und Pixelgröße

In der Fotografie unterscheidet man zwischen dem Pixel (Bildpunkt) als Grundelement eines Digitalfotos und dem Pixel als winziger lichtempfindlicher Zelle (Fotodiode), die gemeinsam mit Millionen anderen auf dem Bildsensor der Kamera angeordnet ist. Jedes Pixel auf dem Sensor entspricht einem Pixel auf dem späteren Foto. Multipliziert man die Pixelanzahl in der Breite mit der Pixelanzahl in der Höhe, ergibt das deren Gesamtmenge. Zum Beispiel: 3.000 x 4.000 = 12 Millionen Pixel = 12 Megapixel (MP). Das bedeutet: Je kleiner eine Kamera ist, desto kleiner wird in der Regel auch der darin verbaute Sensor ausfallen. Um hohe Megapixelzahlen zu erreichen, müssen die Fotodioden immer winziger und damit lichtschwächer ausfallen. Das ergibt sich allein schon aus der physikalischen Tatsache, dass auf eine kleinere Fläche auch weniger Licht fallen kann.

Der Weg zum Kamerahandy

Das Mobiltelefon hat zahlreiche technische Vorläufer. Allgemein wird allerdings ein 1973 von Motorola vorgestelltes Gerät als erster Prototyp eines Mobiltelefons betrachtet. Maßgeblich an der Entwicklung beteiligt war der US-Ingenieur Martin Cooper, der heute als Vater des Mobiltelefons gilt. Bis zum ersten kommerziellen Modell, dem „Motorola Dynatac 8000x", sollte es aber noch einmal zehn Jahre dauern. Eine geradezu gigantische Zeitspanne, wenn man sich die rasante Entwicklung anschaut, die seither immer mehr an Fahrt aufgenommen hat. Schon früh entstand dabei die Idee, dass ein Mobiltelefon viel mehr bieten sollte als nur Sprachtelefonie. Es sollte beispielsweise auch als Terminkalender und Adressbuch nutzbar sein. Von da an war es nicht mehr allzu weit bis zum ersten Mobiltelefon mit integrierter Kamera. Das wurde 1999 vom Elektronikkonzern Toshiba unter dem Namen „Camesse" vorgestellt. Die Auflösung betrug gerade einmal 0,1 Megapixel – doch was für eine Idee, mit einem mobilen Telefon auch noch Schnappschüsse machen zu können!

So erschienen schon zwei Jahre später gleich drei Handymodelle mit Kamera: das Nokia 7650, das Panasonic EB-GD87 und das Sharp GX10. Die Auflösung hatte sich mit 0,3 Megapixeln schon verdreifacht. Ab 2002 sprangen immer mehr Hersteller auf den Zug auf. In der Folge wurden die vorher eher exotischen Kamerahandys immer günstiger und wurden von immer mehr Menschen genutzt. Für Mobiltelefone mit eigenem Betriebssystem und Internetzugang setzte sich nach und nach der Name „Smartphone" durch. Diese Konnektivität bedeutete, dass man seine Fotos nun auch direkt vom Gerät in alle Welt senden und online speichern konnte. Das Nokia 3650 war das erste „Multimedia-Handy" mit integriertem Camcorder.

Das iPhone brachte den Durchbruch

Der eigentliche Durchbruch kam allerdings erst 2007 mit dem iPhone. Die schon länger im Raum stehende Vision von einem mobilen PC beziehungsweise, um das inzwischen arg strapazierte Bild zu bemühen,

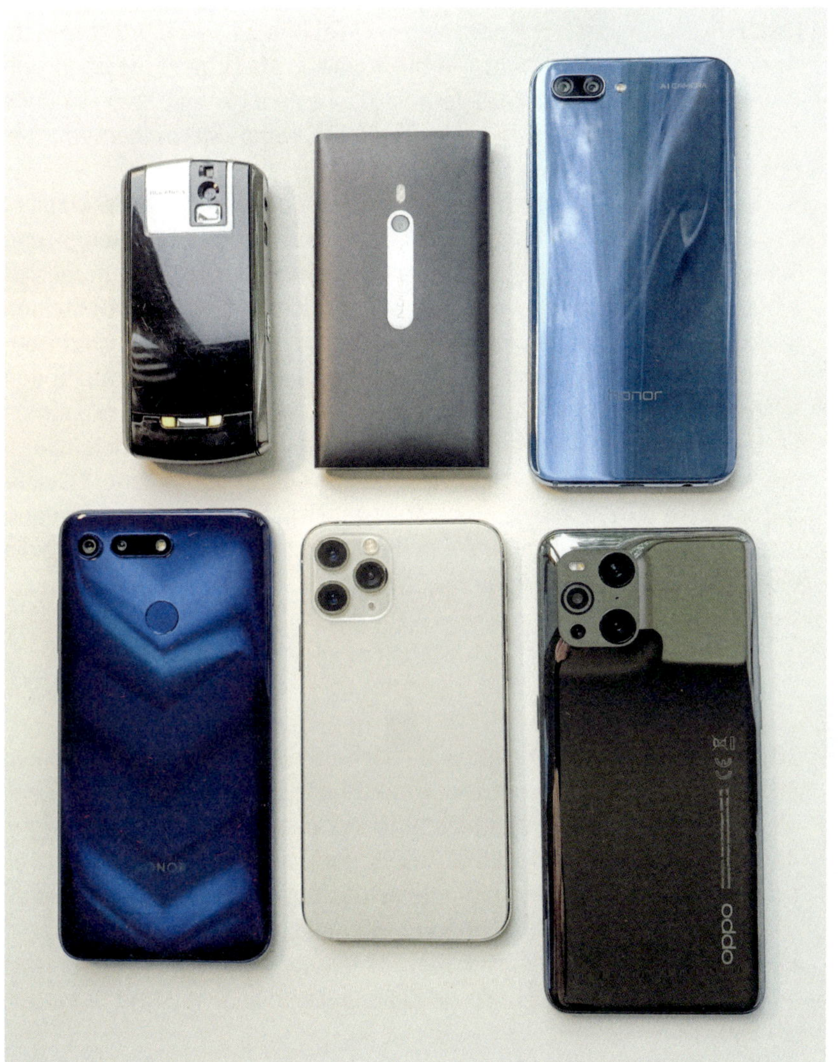

Handys im Wandel der Zeit: Große Fotokunst konnte man mit den ersten Handykameras kaum herstellen. Mit der Zeit wurden immer mehr Objektive integriert. Eine wichige Rolle spielt aber auch die künstliche Intelligenz, mit deren Hilfe die gesammelten Bildinformationen verarbeitet werden

einem „Schweizer Taschenmesser" für alle Lebenslagen, wurde damit erstmals verwirklicht. Das App-System erlaubte es auf einmal, sich alle erdenklichen Anwendungen aufs Telefon zu holen, Bilder konnten direkt auf dem Gerät bearbeitet werden. Im Oktober 2008 folgte mit dem HTC Dream das unter dem Namen T-Mobile G1 veröffentlichte erste Android-Smartphone – natürlich mit Kamera. Als Urheber des Android-Betriebssystems brachte Google ab 2010 seine eigenen Handy-Modelle unter dem Namen Nexus heraus. Die Reihe wurde inzwischen von den Pixel-Modellen abgelöst.

Heute gibt es eigentlich kein Smartphone ohne Kamera mehr. Selbst sogenannte „Feature-Phones“, die beispielsweise für Entwicklungs- und Schwellenländer oder für Menschen hergestellt werden, die möglichst einfach zu bedienende Geräte mit langer Akkulaufzeit haben möchten und sich deshalb auf grundlegende Funktionen beschränken, verzichten nicht auf eine integrierte Kamera. Nach der praktisch flächendeckenden Verbreitung von Mobiltelefonen wird die Kamera immer mehr zu einem Verkaufsargument. Den größten Stellenwert hat dabei typischerweise die Zahl der Megapixel. Die ist aber (siehe Kasten auf ► Seite 11) sehr mit Vorsicht zu genießen. Mehr Megapixel liefern nicht notwendigerweise auch bessere Bilder. Und wie sieht es mit Objektiven aus? Auch die werden ja in letzter Zeit immer zahlreicher.

Von der „Duo-Camera“ zur Dual-Kamera

2011 war das Thema 3D eine heiße Sache. So wurden mit dem HTC Evo 3D, dem LG Optimus 3D und dem Aquos Phone SH80F von Sharp fast zeitgleich drei Modelle veröffentlicht, die mit einer doppelten rückseitigen Kamera stereoskopische Bilder und Videos aufzeichnen konnten. Die Qualität war allerdings mäßig und viele Nutzer bekamen eher Kopfweh als sich an der Illusion des Dreidimensionalen erfreuen zu können. Die Idee, mehrere Kameras einzubauen, überlebte jedoch, auch wenn man anfangs offenbar gar nicht so genau wusste, was man damit anfangen sollte.

Zur allgemeinen Überraschung in der Technikwelt kam das HTC One im Jahr 2014 mit einer „Duo-Camera“ auf den Markt, obwohl 3D da längst abgemeldet war. Die zweite Kameralinse oberhalb der Hauptkamera war eigentlich eine gewöhnliche 2,1-MP-Frontkamera, die sozusagen die Seiten gewechselt hatte. Aber wozu bloß? Die Lösung des Rätsels lag in einer speziellen App, die es ermöglichte, ein Bild mit beiden Kameras aufzunehmen. Das Ergebnis wurde von der Software im Inneren des HTC One ausgewertet. Aufgrund der unterschiedlichen Perspektiven der beiden Bilder konnte sie die relative Position der abgelichteten Objekte zueinander berechnen. Diese Tiefeninformationen wurden zusammen mit der Aufnahme gespeichert und ermöglichten eine Reihe von mehr oder minder sinnvollen Extras, etwa einen 3D-artigen Wackeleffekt, den man noch heute mit manchen Apps erzeugen kann (siehe „Foto-Apps und Bildbearbeitung", ► Seite 107ff). Nachträglich konnte man die Tiefenebenen zudem mit einem Unschärfeeffekt versehen. Damit war der Weg bereitet, trotz der technischen Limitierung einer Handykamera so etwas wie einen Bokeh-Effekt herzustellen (siehe „Bokeh-Effekt", ► Seite 32).

Interessanterweise rückte HTC schon bald wieder davon ab, spätere Kameras hatten wieder einen einzigen Bildsensor. Der Anfang war jedoch gemacht und wurde vom chinesischen Huawei-Konzern aufgegriffen. Das 6+ der damaligen Tochtermarke Honor besaß zwei waagrechte 8-MP-Linsen: eine f/2.0-Blende mit Autofokus und eine zusätzliche f/2.4-Blende. Das ermöglichte nicht nur einen nachträglichen Bokeh-Effekt, sondern verbesserte auch den Autofokus, da ein zusätzlicher digitaler Signalprozessor (engl. „digital signal processor", kurz DSP) die Bildinformationen direkt verarbeiten konnte. Außerdem konnten die beiden Kameras zusammen Fotos mit einer damals herausragenden Auflösung von 13 MP erzeugen.

Weitere Möglichkeiten der immer weiter fortschreitenden Objektivvermehrung sollen in späteren Kapiteln erörtert werden. Inzwischen ist man (Stand 2021) bereits bei Fünffach-Kameras angekommen. Andere Modelle setzen auf ausfahrbare Objektive. Und damit ist die Entwicklung noch längst nicht zu Ende (siehe „Aktuelle Kameratechnik", ► Seite 47ff).

Zusammenfassend könnte man konstatieren, dass Smartphones mit integrierter Kamera die Gerätekategorie der Kompaktkamera abgelöst haben. Das ist nur zum Teil richtig. Denn dieses Marktsegment hat sich mittlerweile ebenfalls in gewisser Weise neu erfunden. Ironischerweise sind es die Größe und der hohe Preis guter Fotohandys, die nun ins Feld geführt werden, um noch kompaktere, wesentlich robustere Mini-Kameras zu vermarkten. So wirbt der renommierte Kamerahersteller Canon für displaylose Kameras im Schlüsselanhängerformat, die man

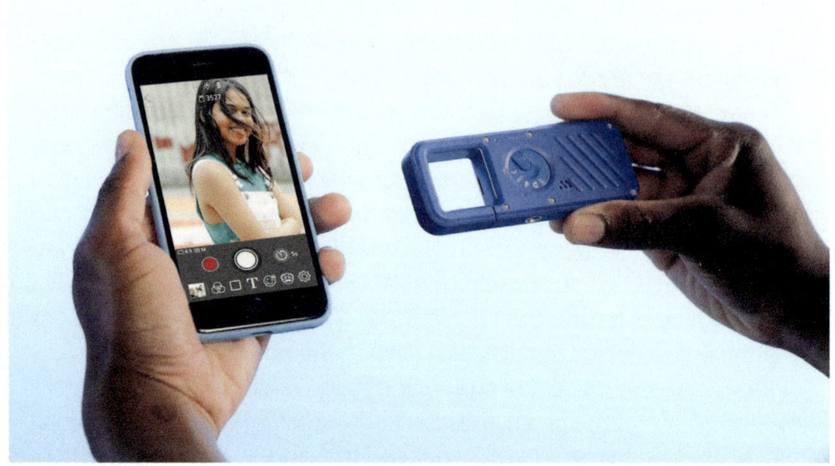

Eine displaylose Kamera ist natürlich besonders robust. Um inzwischen gewohnte Funktionalitäten wie Bildbearbeitung oder das Teilen von Aufnahmen zu ermöglichen, wird allerdings doch wieder ein Smartphone gebraucht (Foto: Canon)

beim Outdoor-Sport sogar in den Dreck werfen kann, ohne dass ihnen das allzu viel ausmacht. In Kombination mit einem Handy, auf das man die Fotos dann direkt übertragen kann, scheint das eine durchaus clevere Idee zu sein.

Was man von Smartphone-Fotos erwarten kann

Smartphones sind eher Schönwetterkameras, sobald es anfängt zu dämmern oder bei anderweitig verursachten ungünstigen Lichtverhältnissen, steigt die Gefahr des Bildrauschens. So nennt man die mehr oder weniger „grieselige" Auflösung, die sich vor allem bei dunkleren Bildteilen zeigt. Es gibt einige Tricks, um diesem Problem zu begegnen (siehe „Belichtung", ► Seite 38ff). Eine andere Möglichkeit ist, das Manko als künstlerischen Effekt einzusetzen (siehe „Praxis", ► Seite 67ff) oder die Aufnahme nachträglich zu bearbeiten (siehe „Bildbearbeitung", ► Seite 105ff). Sie sollten aber nicht erwarten, dass Ihre Handykamera mit richtigen Systemkameras mithalten kann.

Die Grundlagen der Smartphonefotografie

Die Kamera eines Smartphones und eine Kompaktkamera beruhen auf dem gleichen Prinzip: Ein oder mehrere Objektive bündeln das einfallende Licht und lenken es auf einen Bildsensor (siehe „Der Fokus", ► Seite 35ff). Ein wesentlicher Unterschied zu System-, Kompakt- oder Spiegelreflexkameras ist die geringe Größe der in Handys verbauten **Sensoren**. Dieser Umstand verdankt sich einer schlichten Tatsache: Smartphones sind viel kompakter gebaut und verfügen über viele weitere Funktionen. Es liegt auf der Hand, dass viel weniger Platz für den Sensor zur Verfügung steht.

Daraus ergeben sich zwei grundlegende Probleme. Zum einen nimmt die Bildqualität insgesamt ab. Das gilt vor allem bei schlechtem Licht. Der Grund dafür ist, dass weniger Bildinformationen – konkreter: Pixel – zur Verfügung stehen, die in eine gute Aufnahme übersetzt werden könnten. Ganz allgemein gesagt, gleichen moderne Handykameras dieses Handicap dadurch aus, dass sie die fehlenden Bilddaten durch Algorithmen hinzufügen. Dafür können auch die Daten mehrerer Fotos zu einem Bild zusammengefügt werden. Zum anderen besitzen Handykameras in der Regel keinen analogen Zoom (siehe „Die Brennweite", ► Seite 29ff). Holt man das Motiv mittels des sogenannten **digitalen Zooms** näher heran – in der Regel durch das Spreizen der Finger auf dem Display – wird nur noch ein kleinerer Teil der vom Sensor eingefangenen Informationen genutzt, nämlich die des Bildausschnitts. Und je weiter man heranzoomt, desto weniger Pixel stehen für das Bild zur Verfügung.

Raffinierte Rechentricks: Künstliche Intelligenz

Stellt man sich nun noch vor, dass man im Dunkeln zoomt, liegt es auf der Hand, dass die Ergebnisse oft nicht berauschend sind. Auch hier greift die Elektronik auf mehr oder minder raffinierte Rechentricks zurück. Immer öfter kommt die **künstliche Intelligenz**, kurz: KI (englisch: „Artificial Intelligence" – kurz: AI), ins Spiel. Die Kamera wählt dabei automatisch diejenigen Einstellungen, die das bestmögliche Ergebnis erwarten lassen. Meist gibt es nicht eine einzelne KI, sondern verschiedene für den jeweiligen Bildtypus, also etwa für Landschaft, Porträt oder eben Nachtaufnahmen (siehe „Nachtaufnahmen", ► Seite 88f). Diese **„interne Bildbearbeitung"** korrigiert echte oder vermeintliche Mängel, die durch die spezifischen technischen Beschränkungen der Handyfotografie entstehen.

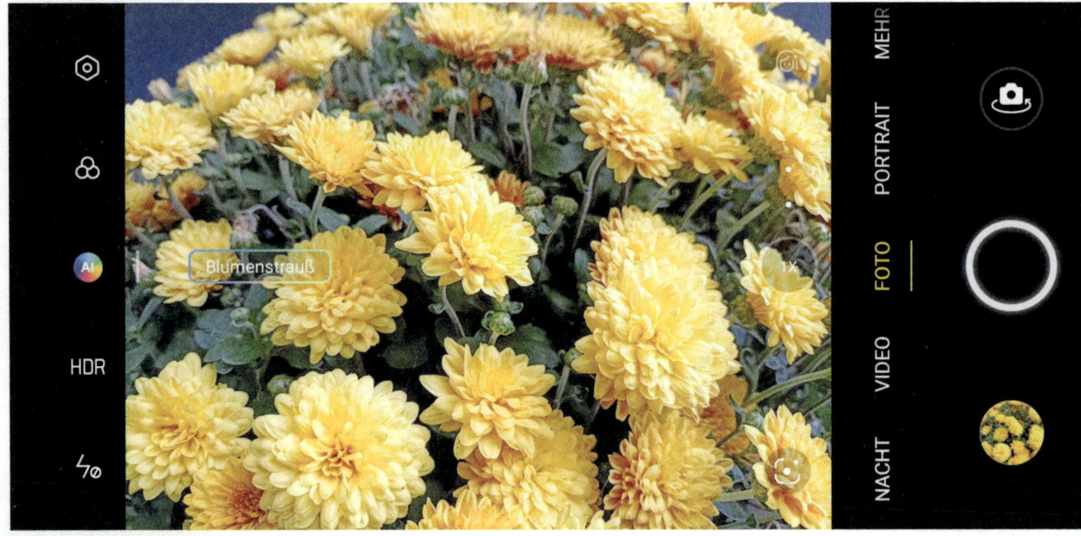

Die künstliche Intelligenz – kurz KI oder AI vom englischen „Artificial Intelligence" – erkennt das im Sucher befindliche Motiv und passt die Einstellungen automatisch an

Nicht selten findet aber eine gewisse Überkompensation statt. Ein Beispiel ist etwa der „Beauty Modus" vieler Kameras. Unter Umständen sieht die porträtierte Person mit all den automatisch retuschierten Hautunebenheiten und per Weichzeichner „perfektionierten" Haaren hinterher aus wie eine Schaufensterpuppe. Wenn man diesen Modus wählt – zum Beispiel für ein Bewerbungsfoto oder ein Porträtfoto für die sozialen Netzwerke – sollte man die oft variierbare Intensität des Effektes so gering wie möglich auswählen oder nach Möglichkeit mehrere Stufen ausprobieren. Es ist meist einfacher, störende Faktoren später zu retuschieren (siehe „Bildbearbeitung", ► Seite 105ff), als die automatischen Überarbeitungen später mühsam wieder zurückzunehmen.

Digitale Bildinformationen

Das Licht wird vom Bildsensor in digitale Informationen umgewandelt. Diese wiederum werden im Smartphone verarbeitet. Die ständig anwachsende Rechenleistung mobiler Prozessoren wird eingesetzt, um die Defizite von Objektiv und Sensor auszugleichen. Die verbesserte Hardwareausstattung auf der einen und die ausgefeilte Informationsverarbeitung auf der anderen Seite führen dazu, dass die qualitativen Unterschiede zwischen reinen Kameras und Smartphonekameras immer geringer werden. Ganz verschwinden werden sie allerdings wohl nie. Doch kann man als Nutzer selbst dazu beitragen, mit der Handyfotografie zu besseren Ergebnissen zu kommen. Dazu sollte man sich der spezifischen technischen Bedingungen bewusst sein und diese schon bei der Aufnahme berücksichtigen (siehe „Praxis", ► Seite 67ff).

Auf den hochauflösenden, brillanten Handydisplays sehen Fotos, zumal nach der internen Bildbearbeitung, oft geradezu sensationell aus. Umso enttäuschender ist es, wenn man sie auf einem großen Bildschirm oder gedruckt sieht. Auch das gilt es zu berücksichtigen: Zu welchem Zweck wird eine Aufnahme gemacht und in welcher Form soll sie veröffentlicht werden? Davon wird auch abhängen, wie stark und mit welchen digitalen Werkzeugen man sie bearbeitet. Die technischen Möglichkeiten, die man heute bei der Bildbearbeitung hat, sollten nicht zu einem falschen Perfektionismus führen. Denn manchmal, das gilt für die Handyfotografie im Besonderen genauso wie für die Fotografie im Allgemeinen, ist es gerade das Unperfekte, das einem Bild seinen Reiz verleiht.

Aktuelle Entwicklung

Bei den Namen und Kennzahlen aktueller Modelle kann einem ebenso schwindelig werden wie bei den Preisen. Klangvolle Begriffe wie „Time of Flight" (siehe ► Seite 52, 55) oder Megapixel im dreistelligen Bereich sind das eine. Es ist jedoch das Zusammenspiel der einzelnen Komponenten, das über die Aufnahmequalität entscheidet. Wichtig ist vor allem die Sensorgröße. Zwar schaffen es die Gerätedesigner, immer größere

Sensoren einzubauen. Doch dieser Fortschritt wird regelmäßig von marketingwirksamen hohen Auflösungen „aufgefressen".

Die Anzahl der Megapixel drückt aus, wie viele Bildpunkte ein Sensor aufzeichnen kann. Herrschen beim Fotografieren ideale Lichtverhältnisse vor, lassen sich mit Modellen mit hohen MP-Werten im Prinzip mehr Details einfangen. Bei Dämmerung oder in Innenräumen hat man dann aber das Problem, dass die kleinen Bildpunkte zu wenig Licht bekommen. Das ist der Grund dafür, dass gerade die Megapixel-Monster bei ungünstigen Lichtverhältnissen oft eine enttäuschende Bildqualität bieten. Das Beispiel zeigt: Hohe Megapixelwerte mögen als Kaufargument funktionieren, ein Garant für bessere Fotos und Videos sind sie jedoch nicht.

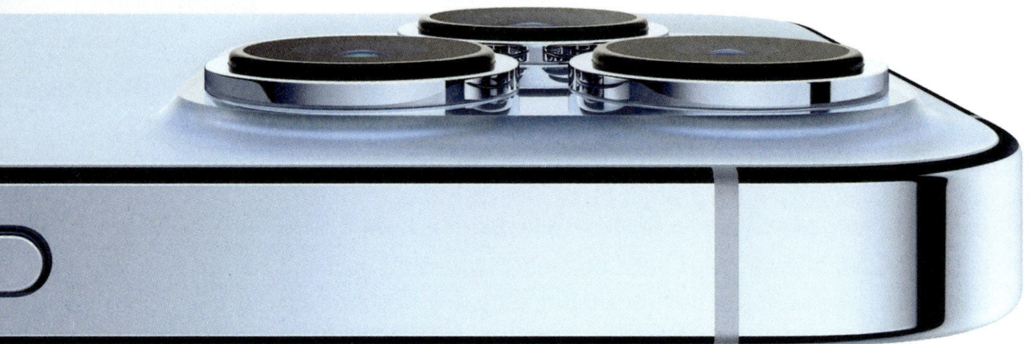

Die Kameraeinheit des iPhone 13 Pro (Foto: Apple)

Beim Heranzoomen weiter entfernter Motive ist man weitgehend auf den „Turnschuhzoom" angewiesen. Konkret heißt das, dass man sich zu Fuß an das Objekt der fotografischen Begierde heranpirschen muss. Denn echte Zoomobjektive, auch das ist der flachen Bauweise geschuldet, können in Handys nicht verbaut werden. Der digitale Zoom rechnet das Motiv lediglich heran – in den allermeisten Fällen mit eher bescheidenen Ergebnissen.

Handykameras sind, vor allem was die Lichtverhältnisse und die Entfernung angeht, also ziemlich unflexibel. Um diesem Problem zu begegnen, gehen die Hersteller mehr und mehr dazu über, mehrere Kameralinsen mit unterschiedlichen, unveränderlichen Brennweiten einzubauen. Sie bestehen aus einem aus mehreren Linsen aufgebauten Objektiv mit einem eigenen Sensor dahinter. Zwischen den Festbrennweiten wechselt die Kamerasoftware je nach den aktuellen Lichtverhältnissen automatisch, oder man wählt sie mithilfe des „Experten-Modus" selbst. Ein „optischer Zoom" im Handy ist dagegen eine Mogelpackung. Um einen möglichst stufenlosen Übergang zwischen den Festbrennweiten möglich zu machen, kommt dann nämlich doch wieder der ungeliebte Digitalzoom zum Einsatz.

Dateien und Speicher

Digitale Kameras speichern alle Aufnahmen klarerweise digital. Jede Aufnahme ist für sich eine einzelne Datei, die für gewöhnlich wiederum in größeren Ordnern, die mehrere Einzelaufnahmen enthalten, gespeichert wird.

Je höher die Auflösung eines Fotos ist, desto größer ist auch der hierfür benötigte Speicherplatz. Das sollten Sie berücksichtigen, wenn Sie in den Grundeinstellungen festlegen, welches Dateiformat und welche Auflösung Sie wählen (siehe ► Seite 24). Sie haben schließlich wenig davon, wenn Sie jeden Schnappschuss in 4K (= horizontale Bildauflösung in der Größenordnung von 4.000 Pixeln) aufnehmen, dann aber keinen Speicher mehr haben, während Sie vor einem Motiv stehen, auf das Sie schon Ihr ganzes Leben gewartet haben. Finden Sie also einen guten Kompromiss zwischen der Größe des Ihnen zur Verfügung stehenden Speichers und der gewünschten Aufnahmequalität. Möchten Sie etwa eine Detailaufnahme einer Rose in HDR (siehe ► Seite 44) machen, können Sie das immer noch manuell einstellen.

Interner Speicher und Speicherkarte

Wer viel mit dem Handy fotografiert, sollte beim Kauf auf ausreichend Speicherplatz achten. Unterscheiden muss man zwischen internem und externem Speicherplatz. Der interne Speicher (nicht zu verwechseln mit dem Arbeitsspeicher/RAM) ist fest im Gerät verbaut. Früher waren Smartphones mit 64 GB noch ein Highlight. Heute bieten Geräte wie das Galaxy S21 und das iPhone 12 bis zu 512 GB, das iPhone 13 Pro sogar 1 Terabyte (1.000 GB). Einsteiger- und Mittelklasse-Geräte mit 32 oder gar nur 16 GB sind heute entschieden zu klein dimensioniert. Zumal man darauf achten sollte, dass auch das Betriebssystem, die installierten Apps und andere Inhalte wie etwa E-Mails und SMS Platz beanspruchen. Hat ein Modell wenig internen Speicher, sollte es über einen Steckplatz für eine microSD-Speicherkarte verfügen, über die sich der Speicher erweitern lässt.

Speicher bei iPhone und Android

iPhone

Das iPhone 12 hat, ebenso wie das iPhone 12 mini, mindestens 64 GB Speicher. Das reicht für eine durchschnittlich speicherintensive Nutzung mit nur wenigen Apps und Fotos. Wer dagegen viel fotografieren, 4K-Filme aufnehmen und vielleicht auch mal eine digitale Offline-Karte für die Navigations-App installieren möchte, sollte zur 128-GB-Version greifen. Die Speicherverdoppelung kostet 50 Euro extra, darauf zu verzichten, wäre am falschen Ende gespart, denn iPhones nehmen grundsätzlich keine Speicherkarten auf. Für nochmals 120 Euro mehr gibt es 256 GB, da muss man sich schon genauer überlegen, ob man so viel Speicher auch wirklich braucht.

Die Pro-Modelle der 12er-Reihe haben schon in der Basisversion 128 GB. Auch hier kostet die Verdoppelung auf 256 GB 120 Euro. Dieses Upgrade bietet sich vor allem an, wenn Sie Ihr iPhone für Videodrehs einsetzen wollen, worauf diese Geräte auch explizit ausgelegt sind. Für 350 Euro Aufpreis im Vergleich zur Basisversion bekommen Sie schon 512 GB Speicher. Viel Geld, das vielleicht besser in ein Cloud-Speicher-Abo (siehe „Cloud statt Schuhkarton", ► Seite 137) investiert ist.

Beim iPhone 13 sind 128 GB inzwischen sogar bei allen Varianten Standard. Das hängt unter anderem damit zusammen, dass der Sensor größere Pixel hat und die Kamera insgesamt mehr Bildinformationen sammelt. Diese müssen natürlich auch irgendwo gespeichert und verarbeitet werden.

Android

Android-Modelle gibt es mit so gut wie allen erdenklichen Speichergrößen. Bei sogenannten High-End-Geräten sind aber 128 GB quasi Standard. 256 GB und vor allem 512 GB Speicher sind für Enthusiasten empfehlenswert, die ein größeres Bildarchiv mit sich herumtragen wollen. Einige Modelle wie das Galaxy S10 oder das Asus ROG Phone 2 gibt es sogar mit bis zu 1 Terabyte (TB = 1.000 GB). Einen microSD-Kartenslot (auch: Kartenschacht, Karteneinschub) brauchen Sie dann mit hoher Wahrscheinlichkeit nicht mehr. Deshalb verzichten die Hersteller bei solchen Edel-Handys auch gerne auf dieses Extra.

Ein microSD-Kartenslot ist aber auch aus anderen Gründen nützlich. So können Sie eine volle Karte entnehmen und ganz ohne Kabel zum Beispiel auf Ihr Notebook übertragen oder in ein Speicherkartenlesegerät einlegen. Zwar lassen sich die meisten Smartphones auch direkt mit dem PC synchronisieren, aber die Übertragung von Daten ist nicht immer ohne Tücken. Sie können eine Karte voller Aufnahmen auch sicher verwahren. Damit sind zumindest Ihre Fotos sicher, falls Sie das Handy verlieren sollten. Gerade auf Reisen ist das eine gute Möglichkeit, sich gegen den Verlust unwiederbringlicher Erinnerungen zu schützen, falls ein Backup in die Cloud (siehe „Google Fotos und die Alternativen", ► Seite 136f) wegen einer fehlenden Internetverbindung gerade nicht möglich ist.

Digitale Bilder

Anders als bei analogen Aufnahmen, kostet es praktisch nichts, viele digitale Bilder zu machen – außer, wie oben ausgeführt, Speicherplatz. Das sollten Sie sich zunutze machen und ein Motiv immer mehrfach fotografieren. So verhindern Sie, dass eine Aufnahme unbrauchbar ist, weil der oder die Fotografierte gerade die Augen geschlossen hatte, eine Wolke kurzzeitig für ungünstige Lichtverhältnisse sorgt und so weiter. Das setzt aber auch voraus, dass man regelmäßig ausmistet, da die Bilderflut sonst irgendwann komplett überhandnimmt. Tipps zur Dateiverwaltung finden sie im Abschnitt „Archivierung" (siehe ► Seite 140ff).

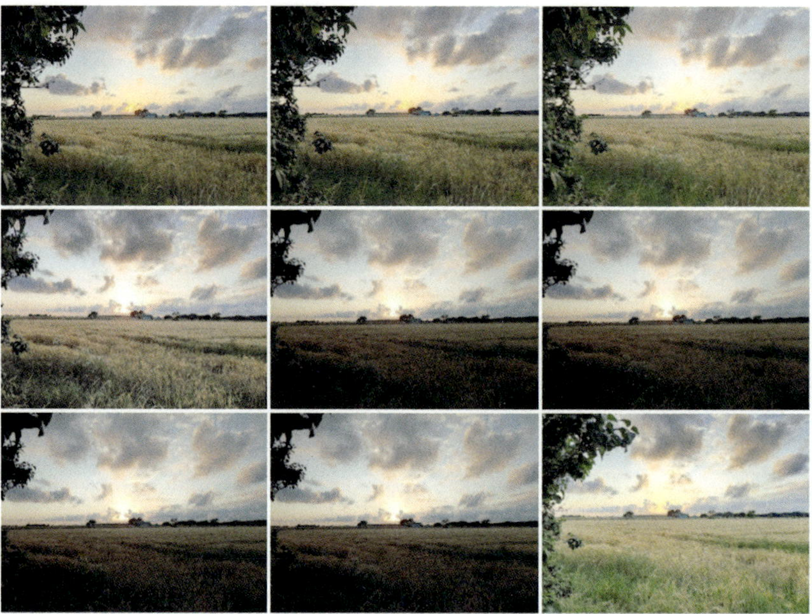

Experimentieren Sie mit unterschiedlichen Einstellungen. Ist der Speicherplatz knapp, laden Sie Ihre Aufnahmen in den Cloud-Speicher hoch, um später die gelungensten auszuwählen

Welches Bildformat ist das richtige?

Die Auswahl an Bildformaten, die Ihnen zur Verfügung steht, hängt vom Handymodell ab. Ein gängiges, häufig gewähltes Format ist 4:3. Das Seitenverhältnis ist hier ausgeglichen, was zu einem ruhigen Gesamteindruck beiträgt. Je nach Auflösung bestehen die Aufnahmen aus 4.032 x 3.024 oder 2.880 x 2.160 Pixeln. Auch für den Druck ist 4:3 eine gute Wahl.

Einen dramatischeren Eindruck erreicht man mit dem Kinoformat 16:9, das heute auch von den allermeisten TV-Geräten und PC-Monitoren verwendet wird. Je nach Auflösung bestehen die Aufnahmen aus 4.032 x 2.268 oder 2.560 x 1.440 Pixeln. Das Format 16:9 ist insbesondere für Landschaftsaufnahmen und Panoramen geeignet. Es steht aber nicht auf allen Handymodellen zur Verfügung. Eine große Auswahl findet man etwa beim Samsung Galaxy. Bei iPhone-Modellen wird 16:9 für Videos verwendet.

Tipp. Die höchste Auflösung ist oft nur im 4:3-Format möglich. Auf Android-Modellen gehen Sie in der Kamera-App in die Einstellungen (meist ein Zahnradsymbol) und tippen dort auf „Auflösung", um das Bildformat – falls möglich – zu verändern.

Welches Dateiformat ist das richtige?

Die Licht- und Farbinformationen eines Fotos werden also als digitale Datei gespeichert, und zwar in einem bestimmten Dateiformat. Welches das ist, ist je nach Smartphone und App voreingestellt. Sie können aber in vielen Fällen auch selbst entscheiden, welches Sie verwenden möchten. Das hat Konsequenzen für die Qualität der Aufnahme, für die Bildbearbeitung und für die Kompatibilität der Aufnahme.

JPG

JPG (oder JPEG, sprich: „Tschäipeg") ist das mit Abstand meistgenutzte Dateiformat. So gut wie jedes Programm kann es lesen, und es lässt sich auch online weitgehend ohne Einschränkung weiterverarbeiten und einsetzen. Außerdem ist das Format platzsparend, was aber zugleich auch ein Nachteil ist. Denn die geringere Dateigröße wird dadurch erkauft, dass die Datei komprimiert, also rechnerisch verkleinert wird. Dadurch gehen automatisch auch Informationen verloren. Das kann unter anderem die Möglichkeiten bei der Nachbearbeitung merklich einschränken und wirkt sich auch nachteilig auf die Druckfähigkeit aus. Möchten Sie trotz allem in JPG fotografieren oder unterstützt Ihr Handy nichts anderes, sollten Sie zumindest die höchstmögliche Auflösung verwenden.

HEIF

HEIF ist die Abkürzung für High Efficiency Image File Format. Es bietet eine bessere Bildqualität als JPEG bei etwa halber Dateigröße. Falls verfügbar, ist es daher JPEG vorzuziehen, da es Fotos, wie der englische Name schon sagt, viel effizienter komprimiert. Im Gegensatz zu JPEG kann HEIF (beziehungsweise HEVC als Entsprechung im Videobereich) auch verlustfrei komprimieren.

RAW

Ursprünglich gab es dieses Format nur bei reinen Digitalkameras, mittlerweile beherrschen es aber auch immer mehr Fotohandys. Der Name kommt vom englischen Wort „raw" = „roh". Entsprechend werden alle vom Sensor eingefangenen Lichtinformationen gespeichert. Das bedeutet aber auch, dass es eines bestimmten Programms bedarf, um sie auszulesen – beispielsweise „Photoshop" oder „Lightroom" (siehe „Lightroom", ► Seite 120ff). Diese Rohdaten können zudem in ganz unterschiedlichen Formen gespeichert werden, sodass die Hersteller eigene Formate und Kürzel verwenden. All das geht natürlich auf Kosten der Kompatibilität. Es kann also leicht vorkommen, dass jemand, dem man Aufnahmen in einem dieser Formate schickt, nichts damit anfangen kann.

Außerdem sind RAW-Dateien oft sehr groß. Um die Verwirrung komplett zu machen, gibt es RAW-Formate, etwa ARW von Sony, die die Bildinformationen weitgehend verlustfrei komprimieren und die Größe etwa um die Hälfte reduzieren. Platzsparend sind sie deshalb keineswegs. Es kann durchaus Aufnahmen mit 25 oder 50 Megabyte geben. Es liegt auf der Hand, dass der interne Speicher (siehe ► Seite 22) damit schnell überfordert ist und sich solche Datenmonster auch schlecht per Mail verschicken lassen – es sei denn, man „packt" sie zum Verschicken, beispielsweise mit einem ZIP-Programm wie 7-Zip (www.7-zip.de). Man kann sie zudem nicht ohne Weiteres unbearbeitet im Netz veröffentlichen. Und leider gibt es noch einen Nachteil. Fotos im RAW-Format wirken unbearbeitet wenig brillant, sondern eher flach und blass. Sie müssen sie erst bearbeiten. Dafür haben Sie dann aber alle Möglichkeiten beziehungsweise Informationen. Wollen Sie mit Ihrem Smartphone ambitioniert fotografieren, kommen Sie daher nicht um einen RAW-Standard herum.

DNG

DNG ist der weitgehend geglückte Versuch, einen einheitlichen und zugleich speicherschonenden Standard für RAW-Formate zu etablieren. Dahinter stehen die Bildbearbeitungsexperten von Adobe. Es wird inzwischen von nahezu allen Bildbearbeitungsprogrammen unterstützt. Sie müssen dazu das Bild einfach nur in eine DNG-Datei umwandeln, sofern Ihr Smartphone das Format nicht ohnehin schon anbietet. Damit begegnen Sie auch der Gefahr, dass Sie ihre RAW-Fotodateien irgendwann nicht mehr verwenden können, weil sie von keinem Programm mehr gelesen werden können.

Tipp. In vorinstallierten Kamera-Apps werden meist keine RAW- oder DNG-Formate angeboten. Samsung-Smartphones bieten RAW nur im Profi-Modus an, wo es in den Einstellungen ausgewählt werden kann. Verwenden Sie ansonsten eine Kamera-App, die (weitgehend) verlustfreie Formate anbietet wie Camera+ oder ProCamera (siehe „Apps – ProCamera“, ► Seite 108f), Manual oder Adobe Lightroom CC (siehe „Apps – Adobe Lightroom CC“, ► Seite 120ff).

TIFF

Das Tagged Image File Format ist für Bilder mit sehr hoher Qualität konzipiert. Bildinformationen werden nicht oder zumindest verlustfrei komprimiert. Dafür ist die Dateigröße aber auch entsprechend hoch. Um Fotos in diesem Format weiterzugeben, etwa per E-Mail, oder im Internet zu veröffentlichen, beispielsweise auf Webseiten oder in sozialen Netzwerken, müssen sie also erst bearbeitet und die Dateigröße verkleinert werden.

Was ist der Unterschied zwischen TIFF und RAW?

RAW-Dateien enthalten grundsätzlich mehr Bildinformationen als TIFF-Fotos, trotzdem sind sie kleiner. Eine RAW-Datei enthält nämlich die reinen Bildinformationen, die später in ein Format wie TIFF oder JPEG konvertiert werden müssen. Dabei werden der Datei interpolierte Farbwerte hinzugefügt, um vollständige Bilddaten zu erzeugen.

Fotografische Grundlagen und ihre Anwendung

Wie bereits erwähnt, sind die manuellen Einstellungsmöglichkeiten bei einem Smartphone begrenzt. Die wesentlichen Werte – Blende, ISO (siehe ► Seite 40f) und Belichtungszeit – können nicht immer so aufeinander abgestimmt werden, wie Sie das vielleicht von der konventionellen Fotografie gewohnt sind. Stattdessen arbeiten die Handykameras weitgehend automatisch. Trotzdem ist es wichtig, die technischen Grundlagen zumindest ansatzweise zu kennen. Denn nur so werden Sie in der Lage sein zu erkennen, warum ein Bild nicht so gelungen ist, wie Sie es erwartet haben und wie Sie es das nächste Mal besser machen. Zudem gibt es eine Unmenge an Apps, die Ihnen mehr Einfluss auf die Bildgestaltung geben als die vorinstallierten Standard-Apps (siehe „Apps", ► Seite 107ff).

Die Blende

Nach dem Prinzip der menschlichen Pupille bestimmt die Blende, wie viel Licht auf den Sensor fällt. Sie ist daher einer der grundlegenden Faktoren für ein gelungenes Bild – zumindest auf dem Papier. Denn hier wie bei anderen fotografischen Kennwerten muss klar gesagt werden: Eine verstellbare „Blende" im Sinn eines klassischen Fotoapparates gibt es bei Smartphones nicht. Trotzdem spielt die **Blendenzahl** eine Rolle, wenn es darum geht, die richtige Belichtung zu finden. Sie gibt das Verhältnis von Brennweite und Blendenöffnungswert an. Für das Fotografieren mit dem Smartphone genügt es, zu wissen: Je kleiner der Wert für die Blende der Kamera, desto größer die Blendenöffnung und umso mehr Licht kann durch das Objektiv auf den Kamerasensor fallen.

Die Lichtstärke eines Objektivs wird immer als Kehrwert der kleinsten Blendenzahl (f/k) ausgewiesen. Der als Blendenzahl auf dem Objektiv angegebene Wert zeigt die größte mögliche Blendenöffnung an. Grundsätzlich gilt:

- Je weiter die Blende geöffnet wird, desto heller wird das Bild und desto unschärfer wird der Hintergrund, anders gesagt: Er weist eine geringe Schärfentiefe auf.
- Je weiter die Blende geschlossen ist, desto dunkler wird das Bild und desto schärfer wird der Hintergrund, anders gesagt: Nicht nur das Motiv, sondern auch alles andere ist scharf. Eine Blende wie f/22 (das heißt: eine stark geschlossene Blende) verwendet man daher gewöhnlich für Landschaften, wenn auch der Vordergrund scharf sein soll.

Bei Objektiven für Fotokameras kann die Blende nach Belieben verändert werden. Bei Handykameras steht einem dieses Gestaltungsmittel nicht oder nur sehr bedingt zur Verfügung. Die Anpassung an die Lichtverhältnisse wird stattdessen in erster Linie über die **Belichtungszeit** geregelt. Im manuellen Modus einer Foto-App kann man diese von Hand anpassen. Genaueres über die richtige Belichtung und die Einstellungsmöglichkeiten, die Sie trotz der Limitierungen bei Handykameras haben, finden Sie im Abschnitt „Die Belichtung" (► Seite 38ff).

Die Brennweite

Die Brennweite gibt den Abstand zwischen der Linse und dem Brennpunkt an, also jenem Punkt, an dem das Licht auf den Sensor fällt und das Bild am schärfsten ist. Sie wird in Millimetern gemessen. Je nach Kamera sind große Brennweiten von 18, 50 oder gar mehreren Hundert Millimetern möglich. Der Abstand der Linsen in einem Objektiv zum Sensor kann

Brennweitenangaben

Das f ist die Abkürzung von **focal length** und gibt die Brennweite an. f/4 bedeutet: „Brennweite geteilt durch 4". Blende 4 ist demnach eine größere Blende als Blende 8. Die Angabe f/5 bedeutet, dass Öffnung/Brennweite = 1/5 ist, die Brennweite ist also fünfmal so lang wie der Öffnungsdurchmesser. Oft wird auch bei der Angabe der Schrägstrich eingespart.

manuell variiert werden, wodurch sich die Brennweite verändern und das Motiv näher heranholen lässt. Durch diesen optischen Zoom wird der Blickwinkel automatisch kleiner, die Motive werden gestaucht.

Genau das geht mit Smartphonekameras nicht so ohne Weiteres, und zwar aufgrund ihrer kompakten Bauweise. Diese ermöglicht allenfalls einen Abstand von einem Millimeter zwischen Linse und Sensor. Smartphonekameras haben daher typischerweise kleine Brennweiten. Daraus ergibt sich einerseits ein großer Blickwinkel und andererseits eine größere Schärfentiefe als bei herkömmlichen Digitalkameras.

Die meisten Smartphones arbeiten mit **Festbrennweiten**. Zoomobjektive, bei denen man die Brennweite manuell verändern kann, gibt es bislang allenfalls als Experiment. Stattdessen sind mehrere Festbrennweiten verbaut, die jeweils aus einem Sensor und einer oder mehreren Linsen bestehen. Jede Festbrennweite ermöglich einen anderen Bildausschnitt. Die Informationen, die diese Objektive erfassen, können aber auch durch interne Algorithmen kombiniert und zu einem Bild zusammengesetzt werden. Durch das bei der Aufnahme erzeugte Mehr an Information, sind auch die Gestaltungsmöglichkeiten variabler.

Die unterschiedlichen Festbrennweiten ermöglichen eine Art optischen Zoom, indem die Kamera beim Heranzoomen auf die nächste Festbrennweite wechselt und die Zwischenschritte von der Software errechnet werden. Aber Festbrennweiten bieten auch noch andere nicht zu unterschätzende Vorteile gegenüber richtigen Zoomobjektiven:

- Die Festlegung auf eine bestimmte Brennweite ermöglicht es, das Objektiv genau auf diese Brennweite zu optimieren. Das steigert die Bildqualität.
- Festbrennweiten zeichnen sich durch eine größere Lichtstärke aus, da sie bei Blendenwerten von beispielsweise f/2 oder

sogar f/1.2 viel Licht auf den Sensor fallen lassen. Die meisten Festbrennweiten haben einen maximalen Brennweitenbereich zwischen f/1.4 und f/2.8, was bei Zoomobjektiven allenfalls im hochpreisigen Bereich zu finden ist. Bei den kleinen Sensoren von Smartphones sind solche Werte auch nötig, um selbst bei schlechter Beleuchtung gute Ergebnisse zu erzielen, ohne dass man den ISO-Wert (siehe ► Seite 40f) nach oben schrauben muss.
- Da der Bildausschnitt bei einer Festbrennweite nicht variabel ist, muss man sich auf das Motiv zubewegen oder andere Mittel der Bildgestaltung suchen, um das Motiv zu erfassen. Zudem macht man sich bereits im Vorfeld mehr Gedanken, welche Motive lohnend sein könnten. Auf diese Weise entstehen nicht selten originellere Aufnahmen, als wenn man Objekte einfach per Zoom heranholt.

Die Schärfentiefe

Je kleiner die Brennweite, desto größer die Schärfentiefe bei ansonsten gleichen Einstellungen und gleicher Distanz. Kommen längere Brennweiten zum Einsatz, reduziert sich die Schärfentiefe, anders gesagt: Je länger die Brennweite, desto geringer die Schärfentiefe.

Die Schärfentiefe hängt von der Öffnungsweite der Eintrittspupille ab, also dem Verhältnis von Brennweite und Blende, das durch die f-Nummer angegeben wird.

Wodurch entsteht die Unschärfe?

Der Unschärfeeffekt hängt von der Blende, der Brennweite und vom konkreten Abstand zum Motiv ab. Verantwortlich für die Unschärfe ist der Brennpunkt oder die Schärfenebene. In Analogie zum menschlichen Auge wird ein Bild nämlich unscharf, wenn die Lichtstrahlen nicht exakt auf den Brennpunkt des Kamerasensors treffen. Das lässt sich zwar optisch zum Teil korrigieren, jedoch aufgrund der spezifischen Linsenbeschaffenheit nie vollständig. Die verbleibende Unschärfe nennt man „Tiefenschärfe".

Welche Gestaltungsmöglichkeiten ergeben sich daraus?

Die Blende oder Blendenzahl wird bei Smartphones über die Foto-App gewählt. Vorinstallierte Apps bieten in der Regel weniger Einstellungsoptionen als „Pro"-Apps wie Camera FV-5 oder ProCamera (siehe „Apps", ► Seite 107ff). Bei schlechtem Licht und bei Nachtaufnahmen sollten Sie als erstes die Blende vergrößern – also eine kleine Blendenzahl wählen – um eine ausreichend belichtete Aufnahme zu machen.

Aufgrund der physikalischen Grenzen in einem kleinen Gerät wie einem Smartphone ist die Auswirkung der Blende recht gering. Multi-Kamera-Systeme können jedoch die räumlichen Verhältnisse analysieren, um Tiefenschärfe (Stichwort Bokeh-Effekt, siehe unten) ins Bild zu bringen. Bei einfachen Handykameras bleibt die oft nicht wirklich befriedigende Option, sehr nah an das Motiv heranzugehen, wodurch man den Unschärfeeffekt erzwingen kann.

Ist in Bezug von Smartphones von einer „Blende" oder Blendeneinstellungen die Rede, bezieht sich das wie bei der analogen Fotografie auf die Gestaltung durch Unschärfeeffekte. Diese werden jedoch nicht optisch mittels des Objektivs erreicht, sondern digital. Eine kleine Blendenzahl sollten Sie wählen, wenn Sie den Fokus auf ein bestimmtes Motiv legen wollen.

Ein Beispiel für die Nachteiligkeit der Schärfentiefe ist die Porträtfotografie. In der Regel möchte man ja die Person im Vordergrund hervorheben und so scharf wie möglich darstellen, während der Hintergrund verschwimmt. Diese natürliche Hintergrundschärfe nennt man **Bokeh-Effekt** vom japanischen Wort boke, was so viel wie „unscharf" oder „Nebel" bedeutet.

Da man mit dem Smartphone häufig Porträts oder Selbstporträts, sogenannte Selfies, aufnehmen möchte, ist das kein ganz unerhebliches Problem. Die Hersteller wissen das natürlich und werden nicht müde, Tricks zu finden, Unschärfeeffekte auf andere Weise zu erzeugen. Das gelingt beispielsweise, indem mittels eines zweiten Objektivs ein unscharfes Bild erzeugt wird. Der Sensor muss keine besonders hohe Auflösung besitzen, sondern muss im Grunde nur die Tiefeninformationen des Bildes erfassen. Die Software fügt dann beide Aufnahmen zu einem Foto zusammen und erzeugt damit einen künstlichen Bokeh-Effekt.

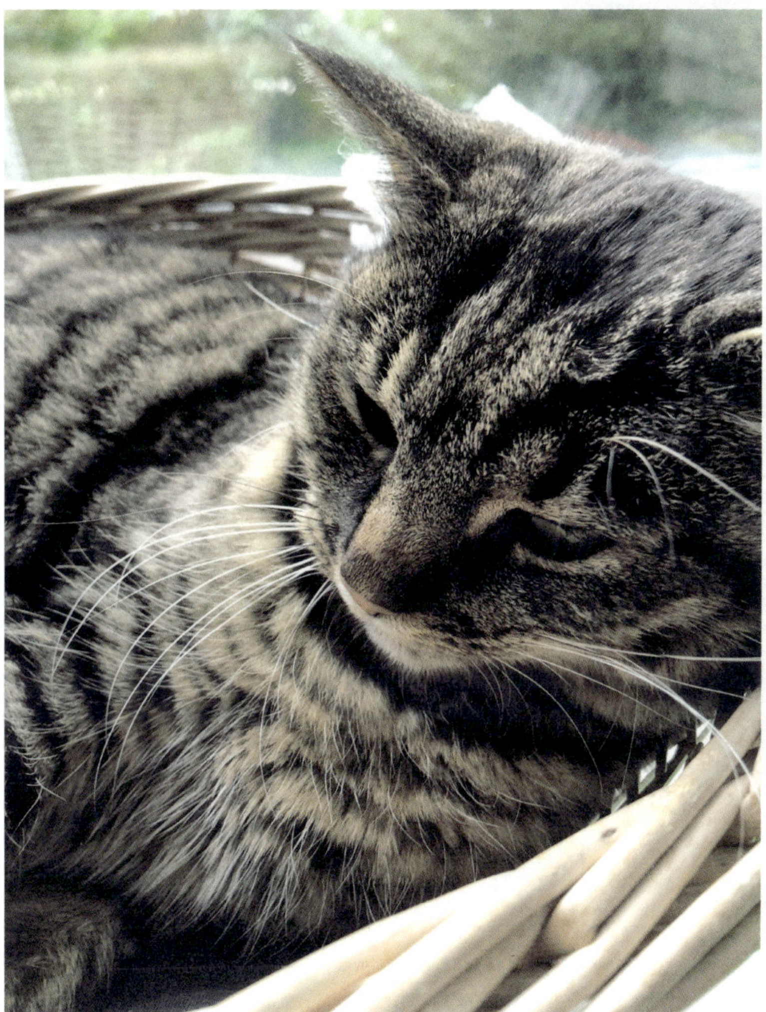

In der Foto-App werden solcherlei Tricks unter unterschiedlichen Bezeichnungen angeboten. In der Regel spricht man vom **Porträt-Modus**, da dies jenes Bildgenre ist, für die man sie typischerweise verwenden wird. Das heißt aber nicht, dass man damit nur Porträts machen kann. Auch für Nahaufnahmen, beispielsweise von einer Blume in einer Vase vor einem Fenster, ist der Porträt-Modus die richtige Wahl, wenn Sie möchten, dass sich die Vase vom Fenster optisch abhebt. Mit einer guten Foto-App lässt sich die Intensität dieses Effektes frei anpassen.

Diese Möglichkeit ist inzwischen auch bei preisgünstigen Modellen zu finden. Aktuelle iPhones oder Galaxy-Modelle bieten zusätzlich Funktionen wie „Live-Fokus" (bei Samsung), dank derer man in Echtzeit einstellen kann, wie unscharf der Hintergrund sein soll. Der Unschärfegrad kann sogar in der fertigen Aufnahme angepasst werden. Besitzer älterer Modelle können sich mit speziellen Apps wie „Focos" behelfen.

Beispiel Bokeh-Effekt

Sie können Unschärfeeffekte aber auch mit einer Bearbeitungssoftware nachträglich in eine Aufnahme einfügen. Das hat allerdings Grenzen und einige Programme oder Apps machen hier einen besseren Job als andere (siehe „Bildbearbeitung"/„Apps", ► Seite 107ff). Gleichwohl sind die Ergebnisse, die man mittels nachträglicher Bearbeitung durch eine spezielle Software erzielen kann, mittlerweile verblüffend.

Man könnte das bisher Gesagte in etwa so zusammenfassen: Bei der Smartphone-Fotografie geht es nicht zuletzt darum, die Vorteile der extrem hohen Schärfentiefe auszunutzen oder umgekehrt Wege zu finden, die damit verbundenen Einschränkungen zu umgehen – sei es nun gestalterisch oder technisch.

Sensorgröße und Schärfentiefe

Die kompakte Bauweise von Smartphones führt unter anderem dazu, dass die Sensoren sehr klein sind. Durch die geringe Abbildungsfläche gibt es in den damit erzeugten Fotos fast keine unscharfen Bereiche. Man spricht auch von einer großen Schärfentiefe.

Zwar ist die Schärfentiefe eines Objektivs bei allen Sensorgrößen gleich. Allerdings ändert sich mit der Sensorgröße zwangsläufig der Bildwinkel. Je kleiner der Sensor, desto kleiner ist auch der Bildwinkel und damit der Bildausschnitt (Crop-Faktor). Deshalb muss man bei kleineren Sensoren mit kürzeren Brennweiten fotografieren, um den gleichen Bildwinkel wie bei größeren Sensoren zu erreichen. Kürzere Brennweiten haben bei gleicher f-Nummer aber eine kleinere Eintrittspupille. Dadurch vergrößert sich die Schärfentiefe. Das wiederum kann in der Fotografie durch eine größere Blende ausgeglichen werden, da eine weiter geöffnete Blende die Schärfentiefe verringert. Bei Smartphones gibt es diese Möglichkeit aber nur bedingt, da sich die Blende nicht manuell einstellen lässt.

Für Landschaften ist die gleichmäßige Tiefenschärfe ideal. Möchten Sie den Schärfeverlauf zur Gestaltung Ihres Motivs einsetzen, stoßen Sie allerdings schnell an Grenzen. Haben Sie nur ein Objektiv zur Verfügung, können Sie sich im Grunde nur Ihrem Hauptmotiv so weit wie möglich annähern, um zumindest etwas Unschärfe im Hintergrund zu erzeugen. Denn bei verringerter Distanz zwischen Kamera und dem zu fotografierenden Objekt nimmt die Schärfentiefe immer weiter ab. Wirklich befriedigende Ergebnisse werden Sie so aber nicht erzielen.

Der Fokus

Das Wesentliche in Ihrem Bild sollte im Fokus sein, denn dort ist es am schärfsten. Das ist bei Smartphones zunächst einmal kein echtes Problem, denn:

- Erstens sind mit Smartphones gemachte Aufnahmen aufgrund der weiter oben beschriebenen baulichen Besonderheiten – allen voran den kleinen Sensoren – meist auf allen Bildebenen scharf (siehe dazu auch den Abschnitt „Schärfentiefe" und den Kasten „Sensorgröße und Schärfentiefe", ► Seiten 31ff bzw. 34). Und zwar so scharf, dass man Unschärfe sogar künstlich erzeugen muss (siehe „Bokeh-Effekt", ► Seite 32).
- Zweitens arbeiten alle Smartphonekameras mit einem **Autofokus**. Das heißt konkret, dass die Software beziehungsweise die künstliche Intelligenz (siehe dazu auch ► Seite 45f) mehr oder weniger zuverlässig erkennt, was das Hauptmotiv des Bildes ist und darauf selbstständig den Fokus setzt.

In so gut wie allen Kamera-Apps können Sie den Fokus aber auch manuell festlegen. Schließlich kann auch die beste Software nicht in allen Fällen wissen, was Ihnen an einem Motiv am wichtigsten ist. Sie legen den Fokus manuell fest, indem Sie mit dem Finger auf das Display tippen, und zwar genau dorthin, wo der Fokus gesetzt werden soll. Meist erscheint dann um diese Stelle herum ein Quadrat, das den fokussierten Bereich darstellt. Auch wenn das – siehe oben – hinsichtlich der Schärfe in den allermeisten Fällen keine allzu großen Auswirkungen auf Ihr Bild hat, so verändert diese Maßnahme den Gesamteindruck doch deutlich.

Woran liegt das? Mit dem Tippen auf einen Bildbereich bestimmen Sie nicht nur den Fokus. Der im Quadrat befindliche, also fokussierte Bereich wird nämlich zugleich auch automatisch richtig belichtet. Wobei „richtig" hier nicht unbedingt „bestmöglich" heißen muss. Denn insbesondere bei Motiven mit starken Hell-Dunkel-Kontrasten kann das schon mal schiefgehen. So kann es sein, dass zwar das fokussierte Motiv „ins rechte Licht gerückt" wurde, aber beispielsweise der Hintergrund komplett im Dunkel versinkt. Auch eindrucksvolle Wolkenformationen werden

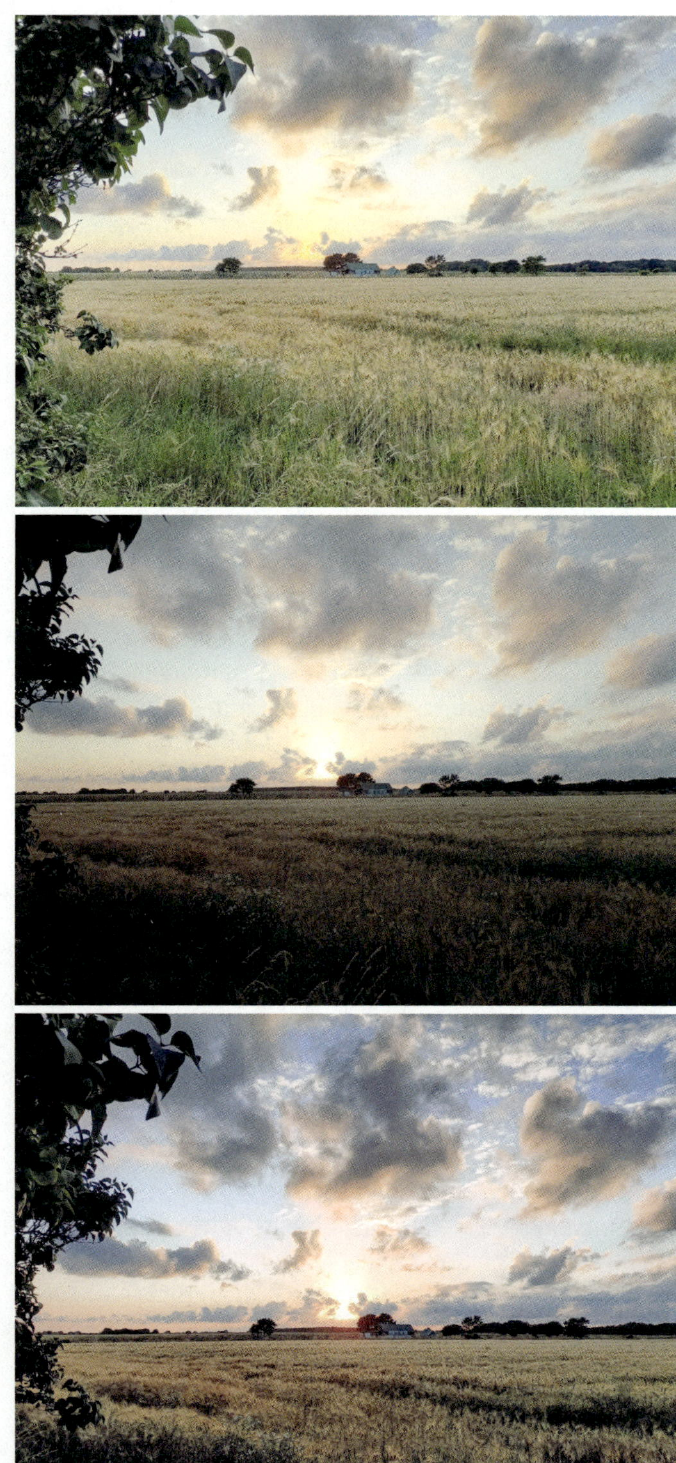

Ein unterschiedlich gesetzter Fokus (im ersten Bild ganz vorne auf das Feld, im zweiten auf den Horizont, im dritten auf den Himmel) ändert den Bildeindruck deutlich

mitunter zu einem grauen Matsch, während das Schiff im Vordergrund wunderbar und mit allen Details zu sehen ist. Um das zu vermeiden, haben Sie mehrere Optionen:

- Rechts neben dem besagten Quadrat erscheint bei den meisten Foto-Apps eine kleine Sonne, Glühbirne oder eine Plus/Minus-Skala. Legen Sie Ihren Finger erneut auf das Display und bewegen Sie ihn nach oben und unten. Die automatische Belichtung wird damit außer Kraft gesetzt und Sie haben die Möglichkeit, sie manuell anzupassen. Beobachten Sie, wie sich Ihre Änderung auf das gesamte Bild auswirkt. Auf diese Weise können Sie ziemlich genau bestimmen, welchen Eindruck Ihr Bild am Ende vermitteln soll.
- Hier kommt Ihnen zugute, dass das Display eine relativ zuverlässige Vorschau des Ergebnisses anzeigt: Setzen Sie den Fokus auf unterschiedliche Bildbereiche und beobachten Sie die Auswirkungen auf das Bild.
- Stellen Sie den ISO-Wert etwas höher (also auf mehr Lichtempfindlichkeit) ein, um das Bild insgesamt etwas heller zu machen. Das sollten Sie aber keinesfalls übertreiben, da sich durch das digitale Hochregeln der Helligkeit lästiges Bildrauschen ergeben kann. Mehr dazu finden Sie in den Abschnitten „Die Belichtung" und „ISO" (▶ Seiten 38ff und 40f).

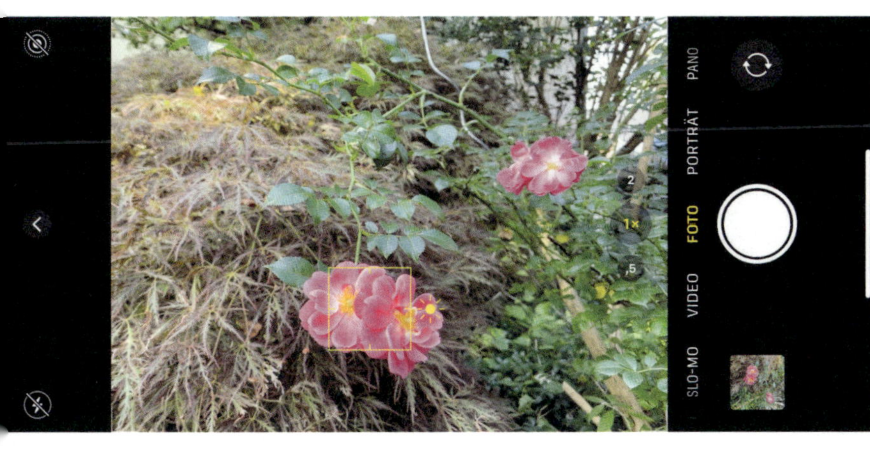

Der Fokusbereich des iPhones. Tippen Sie auf das Objekt, das im Fokus stehen soll, und streichen Sie direkt daneben nach oben oder unten, um die Helligkeit anzupassen

Automatik sperren (AE-/AF-Sperre)

Smartphones wollen den Benutzern möglichst viel Arbeit abnehmen und machen daher so gut wie alles automatisch. Sie müssen im Grunde nur auf den Auslöser drücken. In vielen Fällen führt das aber nicht unbedingt zu den bestmöglichen Ergebnissen. Möchten Sie mehr Kontrolle über die Aufnahme, benutzen Sie die sogenannte AE/AF-Sperre. AE steht für „Automatic Exposure", also automatische Belichtung, AF für „Automatic Focus", automatischer Fokus. Wenn Sie wie oben beschrieben auf ein bestimmtes Objekt fokussieren, dann halten Sie den Finger kurz auf dem Display. Nun sollte das oben erwähnte gelbe Quadrat kurz blinken und stehenbleiben. Das bedeutet: Die AE-/AF-Sperre ist aktiviert. Die automatischen Einstellungen sind also ausgeschaltet, auch der Weißabgleich (siehe ► Seite 43f) bleibt unverändert. Über den Regler rechts neben dem Quadrat passen Sie die Belichtung nun so an, dass Vordergrund wie Hintergrund richtig belichtet sind. Um mehr müssen Sie sich nun eigentlich nicht mehr kümmern.

Natürlich können Sie auch später bei der Bildbearbeitung etwas nachjustieren. Ist die Belichtung durch das Setzen des Fokus aber zu ungleichmäßig, werden Sie auf diese Weise auch nicht mehr allzu viel aus den vorhandenen Bildinformationen herausholen können.

Die Belichtung

Die wichtigsten die Belichtung betreffenden Einstellungen nimmt für gewöhnlich der Automatikmodus Ihrer Foto-App vor. Möchten Sie mehr Kontrolle über das Ergebnis haben, können Sie diese aber auch manuell vornehmen. Dazu sollten Sie sich zunächst etwas näher mit dem Thema befassen.

Die **Belichtungszeit** legt fest, wie lange die Kamera Licht auf den Sensor fallen lässt, bevor sich die Blende wieder schließt (siehe „Die Blende", ► Seite 28f). Ist in der Umgebung wenig Licht, also etwa bei Dämmerung oder bewölktem Himmel, muss länger belichtet werden. Ist es dagegen sonnig, reicht eine sehr kurze Belichtungszeit aus, um ein Bild entstehen zu lassen. Zu kurze Belichtungszeiten führen zu Unterbelichtung, zu lange zu Überbelichtung.

Tipp. Allzu lange Belichtungszeiten führen zu verwackelten Aufnahmen. Man sollte sie daher nicht aus der Hand machen, sondern ein Stativ benutzen. Hat man keines zur Verfügung, dann kann man sich auch durch das Aufstützen der Hand an einem Baum, einer Brüstung oder ähnlichem behelfen.

Für ein richtig belichtetes Bild ist aber auch der **ISO-Wert** (► Seite 40) entscheidend. In der analogen Fotografie gab dieser Wert die Lichtempfindlichkeit des Films an. Die Abkürzung steht für „International Organization for Standardization". Dieser Zusammenschluss nationaler Normierungsorganisationen löste nur regional verwendete Größen wie DIN (Deutsches Institut für Normung) oder ASA (American Standards Association) zugunsten einer internationalisierten Angabe ab. Der Fotograf oder die Fotografin musste sich also vorher überlegen, wie wohl die Lichtverhältnisse während einer Aufnahmesession sein würden, und einen entsprechenden Film einlegen.

Bei Digitalkameras und Smartphones ist das natürlich deutlich einfacher. Hier legt die ISO-Einstellung fest, wie lichtempfindlich der Bildsensor ist. Die ISO-Werte können im Einstellungsmenü geändert und den tatsächlichen Lichtverhältnissen angepasst werden. Auch das kann man dem Automatikmodus überlassen – oder man legt selbst Hand an.

Tatsache ist: Die **Verschluss- oder Belichtungszeit** lässt sich bei den allermeisten Smartphone-Kameras nicht manuell einstellen. Diese Funktionen bieten manche Experten-Apps an, häufiger kann man stattdessen den ISO-Wert auswählen. An eine flexible Belichtungszeit, wie man sie von herkömmlichen Kameras gewohnt ist, reichen die Resultate aber nicht heran. Das macht sich insbesondere bei schlechten Lichtverhältnissen bemerkbar. Und eine längere Belichtungszeit führt bei schlechtem Licht auch nicht zu sonnendurchfluteten Bildern. Wählt man im Expertenmodus aber eine längere Verschlusszeit und einen relativ hohen ISO-Wert, dann kann man die damit verbundenen Nachteile (Verwischen der Konturen bei bewegten Objekten und Rauscheffekt) als künstlerische Stilmittel einsetzen. Damit sollte man es aber nicht übertreiben und das richtige Mittel finden. Dazu ist es unerlässlich, auszuprobieren und zu üben, ebenso wie man Übung braucht, um das Handy beim Auslösen mit einer langen Belichtungszeit ruhig zu halten.

Der richtige ISO-Wert

Professionelle Fotografen arbeiten bevorzugt mit geringen ISO-Werten, um Bildrauschen, also „grieselige" Fotos zu vermeiden (siehe auch ► Seite 88). Der ISO-Wert liegt gewöhnlich zwischen 25 und 800, wobei eine höhere Zahl für eine höhere Lichtempfindlichkeit steht. Die meisten Kameras verwenden Werte zwischen 100 und 200. Die Lichtempfindlichkeit ist hier also eher gering und darauf ausgelegt, bei ausreichendem Licht zu fotografieren. Sind die Lichtverhältnisse nicht optimal oder will man in Innenräumen fotografieren, verwendet man einen ISO-Wert zwischen 400 und 800. Damit wird die Lichtempfindlichkeit des Bildsensors erhöht. Durch diesen Trick lässt sich die benötigte Belichtungszeit reduzieren, sodass es nicht zu verwackelten Aufnahmen kommt. Beim Wechsel von ISO 100 auf 200 halbiert sich die benötigte Belichtungszeit von vorher 1/125 auf 1/250.

Das Ganze hat leider auch einen Haken. Denn je höher der Wert, desto größer ist die Wahrscheinlichkeit, dass es zu unschönem Bildrauschen kommt. Bei billigen Kompaktkameras kann es schon bei ISO-Werten ab 400 aufwärts problematisch werden.

Ursache dafür ist das Grundrauschen der Bildsensoren. Gemeinerweise nimmt dieser Störeffekt zu, je empfindlicher der Bildsensor eingestellt ist. Das Grundrauschen schlägt sich dann nämlich in Form von Farb- und Helligkeitsrauschen in den Aufnahmen nieder. In dunklen Bereichen der Fotos treten dann weiße oder farbige Fehlpixel zum Vorschein, die den Gesamteindruck trüben. Das Resultat sind im schlimmsten Fall kontrast- und detailarme, fleckige Bilder mit schlecht dargestellten Farben.

Hat man es mit solchen Problemen zu tun, schlägt die Stunde der Bildbearbeitungsprogramme. Damit lassen sich Fehler im Nachhinein zumindest teilweise korrigieren (siehe „Bildbearbeitung", ► Seite 105ff).

Im Wesentlichen geht es also darum, die Einstellungen für die Belichtungszeit und die ISO-Werte gut auszubalancieren. Oder mit Belichtungsautomatik aufgenommene Bilder später mithilfe der Belichtungskorrektur zu optimieren.

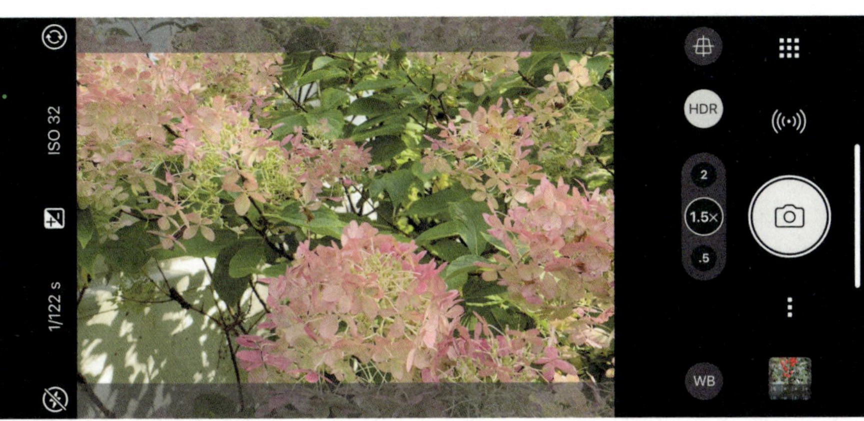

In ProCamera für iOS können Sie wichtige Parameter wie Blende und ISO-Wert manuell anpassen. Alternativ können Sie die Werte automatisch einstellen lassen und nur bei Bedarf eingreifen

Beispiel: Einfangen bewegter Objekte

Bei sich schnell bewegenden Objekten sollte die Belichtungszeit kürzer sein (z.B. 1/250 Sekunden), damit die Bewegung nicht verschwommen dargestellt wird. Um zugleich zu verhindern, dass das Bild zu dunkel wird, wählen Sie einen höheren ISO-Wert. Ob es nun zu Bildrauschen kommt oder nicht, hängt von der Qualität der Kamera-Linse, der App und den konkreten Lichtbedingungen ab.

In welchen Fällen sollte man selbst Hand anlegen?

Eigentlich sollte die Elektronik des Smartphones die Lichtverhältnisse recht gut erkennen und entsprechende Kameraeinstellungen vornehmen. Insbesondere bei Bildern mit starken Hell-Dunkel-Kontrasten kann das leicht danebengehen. Fachlich ausgedrückt, ist der Dynamik- oder Kontrastumfang, also die Differenz zwischen den hellsten und den dunkelsten Bereichen im Bild, zu groß, sodass die Kameraelektronik mit der Entscheidung, auf was sie nun belichten soll, schlicht überfordert ist. Leider hilft auch die Nachbearbeitung oft nicht mehr allzu viel. Typisch ist etwa der Fall, dass die Belichtung auf den wolkenlosen blauen Himmel eingestellt wird, während der Vordergrund im Reich der Schatten versinkt. Auch Gegenlichtaufnahmen, etwa bei einem schön dramatischen Sonnenaufgang, werden im Automatikmodus zum Glücksspiel. Andererseits ist es doch aber auch tröstlich, dass der Mensch nicht überall überflüssig geworden ist.

Zum Glück können Sie recht einfach nachjustieren. Tippen Sie auf dem Display mit dem Finger auf jenen Teil des Motivs, auf den Sie belichten wollen. Mit diesem Fingertipp legen sie den Fokus fest, und die Elektronik wird zugleich versuchen, die Belichtung entsprechend anzupassen.

Experimentieren Sie damit ein wenig. Praktischerweise können Sie ja schon an der Vorschau erkennen, wohin die Reise in etwa geht. Tippen Sie beispielsweise auf ein Objekt im Vordergrund, kann es gut sein, dass dieses überbelichtet wird und der Himmel als blasstrübe Suppe ohne Wolken erscheint (er ist, wie man sagt, „ausgebrannt"). Sicherlich auch nicht das, was Sie anstreben.

Probieren Sie einfach unterschiedliche Varianten aus und beobachten Sie, wie sich das Bild dadurch verändert. Ideal ist erfahrungsgemäß oft

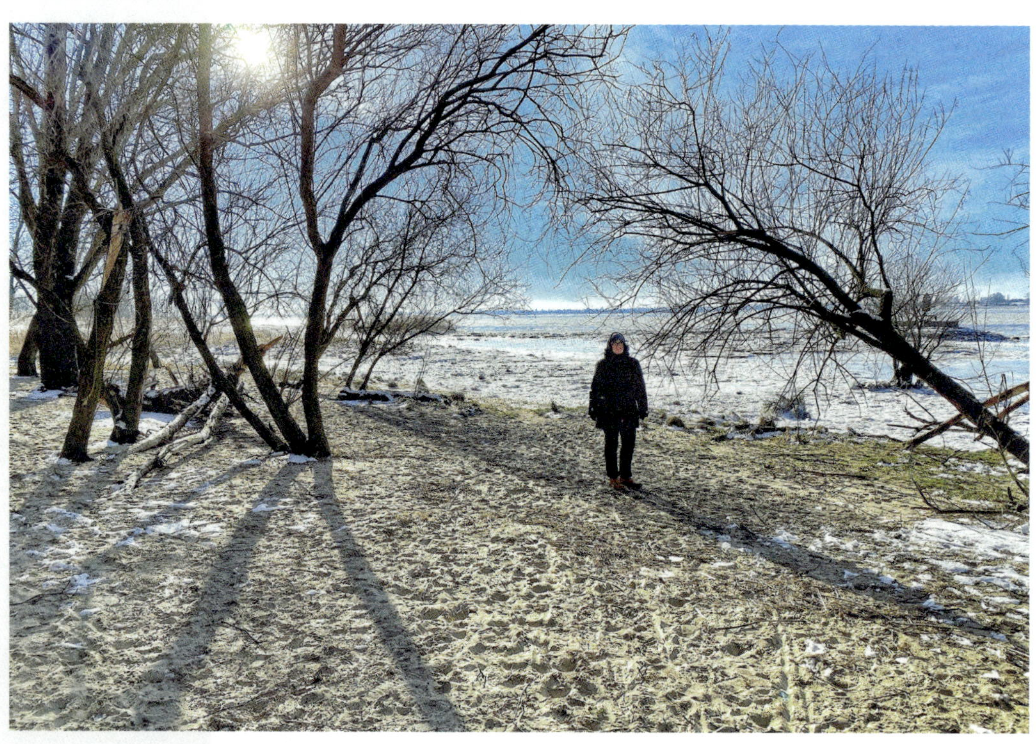

ein Punkt etwas unterhalb des (gedachten) Horizonts. Auf diese Weise ist sogar noch die Sonne als runder Ball zu erkennen, der von einem dramatischen Lichtring umgeben ist, während man auch im Vordergrund noch genug erkennt.

Wie schon weiter oben beim Fokus erwähnt: Bei den allermeisten Kamera-Apps erscheint um den fokussierten Bereich ein gelbes Quadrat und daneben ein Sonnen- oder Glühbirnensymbol bzw. eine Plus/Minus-Skala. Halten Sie den Finger auf der angetippten Stelle und bewegen Sie ihn vorsichtig nach oben und unten, um die Belichtung anzupassen. Sind Sie mit der Vorschau zufrieden, machen Sie Ihr Foto.

Tipp. Durch die Anpassung über den Fokusbereich wird die Belichtungszeit erhöht. Damit wächst automatisch auch die Gefahr von Verwacklungen. Unter Umständen kann es auch zu Bildrauschen kommen. Es spricht – wir bewegen uns schließlich im Bereich der digitalen Fotografie – aber nichts dagegen, mehrere Aufnahmen mit unterschiedlichem Fokus und unterschiedlicher Belichtung zu machen. Zuhause können Sie dann am PC-Bildschirm immer noch entscheiden, welches Foto die Stimmung adäquat wiedergibt und die misslungenen Versuche aussortieren.

Weißabgleich

Jede Kamera, ob klassische oder Handykamera, macht einen automatischen Weißabgleich. Dabei geht es darum, die Farben korrekt und mit der richtigen Farbtemperatur darzustellen. Technisch funktioniert das in etwa so, dass die Kamera innerhalb des Motivs einen möglichst reinen Weißton sucht und die weiteren Einstellungen entsprechend vornimmt. Fotografieren Sie beispielsweise einen von einer Lampe mit warmem Licht beleuchteten gedeckten Tisch, registriert die Kamera, dass die Aufnahme auffällig viele rote Farbanteile aufweist. Um das Tischtuch trotzdem möglichst weiß dazustellen, werden die Rotanteile automatisch zurückgenommen.

Die so erzielten Ergebnisse sind aber nicht immer ideal und haben Auswirkungen auf die gesamte Aufnahme. So kann es sein, dass andere Teile des Bildes durch die beschriebene Anpassung einen unnatürlichen Blaustich bekommen. Viele vorinstallierte Foto-Apps bieten nur den automatischen Weißabgleich. Benutzen Sie stattdessen eine App, bei der Sie den Grad der Farbkorrektur durch den Weißabgleich selbst anpassen können (siehe „Apps", ► Seite 107ff).

Vieles lässt sich zwar im Nachhinein über die Bildbearbeitung regeln, denn mit verschiedenen Programmen (siehe „Bildbearbeitung", ► Seite 105ff) können Sie nachträglich einen automatischen Weißabgleich durchführen. Auch Filter, wie sie beispielsweise von Instagram angeboten werden, sind eine gute Möglichkeit, Farbstiche zu verändern. Allerdings fällt man dabei unter Umständen von einem Extrem in das nächste und versieht die Aufnahme mit Farben, die mit dem ursprünglichen Motiv gar nichts mehr gemein haben. Auf jeden Fall sollten Sie die Intensität des Filters anpassen und seine Wirkung im Zweifel eher herunterschrauben.

Bietet die Foto-App die Möglichkeit, den Weißabgleich manuell einzustellen, dann sollten Sie das auch tun. Dann nämlich gibt das Vorschaubild weit besser wieder, wie das zu erwartende Endresultat aussehen wird, und Sie können gegebenenfalls gleich vor Ort notwendige Korrekturen vornehmen. Das nachträgliche Korrigieren ist natürlich bequemer, doch zum Zeitpunkt der Aufnahme haben Sie den authentischen Bildeindruck ja noch vor Augen und müssen ihn nicht aus Ihrer Erinnerung rekonstruieren.

HDR

Der Begriff „High Dynamic Range" und das Kürzel HDR begegnen einem sehr häufig in der Technikwelt. Das Verständnis wird durch die Tatsache erschwert, dass damit ganz unterschiedliche Dinge gemeint sein können. So ist bei Flachbildfernsehern eine bestimmte Darstellungstechnik gemeint, die durch besondere Geräteeigenschaften ermöglicht wird. Flachbildfernseher höherer Preisklassen können HDR-Bilder wiedergeben, die besonders lebendig und lebensecht wirken. Im Falle von Fotos ist dagegen mit „hohem Dynamikumfang" die Anzahl der Bildinformationen gemeint, die verarbeitet werden können. Ganz allgemein gesagt, geht es darum, Motive mit hohen Kontrasten adäquat abzubilden. In den allermeisten Foto-Apps gibt es eine HDR-Funktion. Damit wird versucht, starke Helligkeitsdifferenzen im Motiv auszugleichen.

Mit dem Begriff „Dynamikumfang" oder „Dynamikbereich" werden die Helligkeit beziehungsweise die **Blendenstufen** (siehe ► Seite 28f) beschrieben, die mit einer Kamera aufgenommen werden können. Je größer der Dynamikumfang, desto feinere Abstufungen und Nuancen können zwischen hell und dunkel (in der Sprache der Digitalfotografie: zwischen einem starken und einem schwachen Signal) erfasst werden. Da Kameras im Vergleich zum Dynamikumfang des menschlichen Auges (noch) limitiert sind, kommt bei HDR-Kameras eine spezielle Softwaretechnik zum Einsatz, die dieses Defizit ausgleichen soll.

Praktisch betrachtet, haben Kameras oft Schwierigkeiten, helle und dunkle Bildbestandteile adäquat darzustellen. So erscheint ein dunkelgrünes Feld vor einem strahlend blauen Himmel im Foto fast schwarz, der Himmel dagegen unnatürlich hell. Um ein besseres Ergebnis zu erzielen, schießt die Kamera automatisch drei Fotos, von denen eines zu dunkel, eines ausgeglichen und eines zu hell belichtet wird. Aus den drei Aufnahmen errechnet die Software ein möglichst ausgewogen belichtetes Foto. Statt extremer Hell-Dunkel-Kontraste bestimmt dann eine gleichmäßige Lichtverteilung das Bild, Farben erscheinen insgesamt kontrastreicher.

Kamerahandys mit „intelligentem" HDR oder AI (von „Artificial Intelligence", „künstliche Intelligenz") benutzen für diesen Trick sogar noch viel mehr Fotos und greifen auf lernende Algorithmen zurück. Damit werden die ins Visier genommenen Motive analysiert, interpretiert, eingeordnet und dementsprechende Einstellungen vorgenommen. Als Nutzer hat man darauf zunächst nicht viel mehr Einfluss, als dass man die AI-Funktion ein- oder ausschalten kann.

Tipp. Der Einsatz von HDR bietet sich insbesondere dann an, wenn das Motiv insgesamt sehr hell ist oder darin starke Kontraste vorherrschen. Das Motiv sollte sich auch nicht stark bewegen, da es durch das Übereinanderlegen mehrerer Aufnahmen zu sogenannten „Ghosting"-Effekten kommen kann.

Dagegen sollten Sie auf HDR verzichten, wenn Sie die Kontraste eines Motivs bewusst als Effekt einsetzen wollen. Durch Antippen des Displays können Sie den Fokus auch manuell festlegen und gezielt bestimmen, welcher Bildbereich heller oder dunkler erscheint (siehe „Fokus und Belichtung", ► Seite 96f). Das ist auch dann wichtig, wenn Sie bestimmte

Details bewahren oder hervorheben möchten, die der Algorithmus unter Umständen zugunsten einer ausgewogen belichteten Aufnahme unterschlägt.

Die künstliche Intelligenz, die in Fotohandys zum Einsatz kommt, unterscheidet sich von Hersteller zu Hersteller und Modell zu Modell stark. Das sollten Sie beim Kauf beachten und im Zweifel unabhängige Tests zu Rate ziehen beziehungsweise vorher testen, wie gut Sie mit einem Modell zurechtkommen. HDR ist also nicht gleich HDR, und ebenso, wie es unterschiedliche HDR-Standards gibt, gibt es auch unterschiedliche Apps, die auf unterschiedliche Weise versuchen, zum bestmöglichen Ergebnis zu kommen. Auch die Bandbreite der Möglichkeiten, manuell in HDR-Aufnahmen einzugreifen, variiert.

Aktuelle Kameratechnik

Linsensysteme, praktisches Zubehör und Smartphone-Modelle für hohe Foto-Ansprüche

Mehrlinsen-Systeme

Um die in Mobiltelefonen verbauten Kameras doch etwas flexibler und vielseitiger zu machen, greifen die Hersteller nicht nur auf ausgeklügelte Software zurück. Seit einiger Zeit lässt sich auch der Trend beobachten, immer mehr Objektive in die neuesten Modelle (siehe „Aktuelle Fotohandys", ► Seite 53ff) zu integrieren. Dual-Kameras sind fast schon die Regel, mittlerweile gibt es viele Modelle mit vier und einige mit fünf Objektiven.

Legen Sie beim Handykauf besonderen Wert auf die Fotoqualität, sollten Sie genau hinschauen. Denn ob Dual-, Triple- oder Quad-Kamera – die zusätzlichen Bildfänger können ganz unterschiedlichen Zwecken dienen. Bei günstigen Modellen ist die zweite Linse oft nur für den sogenannten Bokeh-Effekt zuständig, der den Hintergrund mehr oder weniger kunstvoll verschwimmen lässt. Bei anderen ist die zweite Linse eine Telekamera, bei anderen eine Superweitwinkel, ein Makro oder Schwarzweiß-Objektiv. Es ist also nicht ganz einfach, unter all den unterschiedlichen Konfigurationen das für den eigenen Anspruch richtige Modell zu finden. Für eine bessere Orientierung haben wir im Folgenden einige Beispiele zusammengestellt.

Apple bleibt auch beim iPhone 13 Pro und 13 Pro Max bei seiner Kombination aus drei Objektiven mit je 12 MP (Foto: Apple)

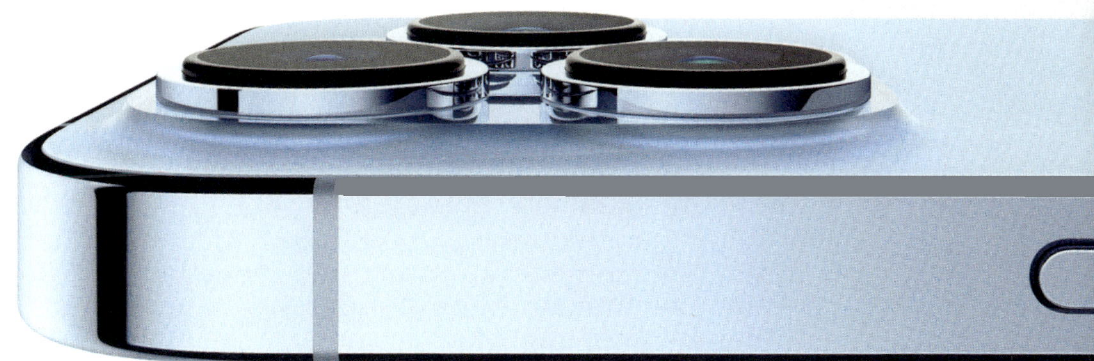

Teleobjektive

Einen digitalen Zoom hat so ziemlich jede Smartphonekamera. Das ist jedoch stets nur ein Notbehelf, da die Qualität von Zoomstufe zu Zoomstufe schlechter wird. Denn die Bildinformationen bleiben dabei die gleichen und werden lediglich „hochgerechnet". Bei einigen Modellen – wie Apples iPhone X oder Samsungs Galaxy Note 8 – begegnen die Hersteller diesem Problem mit einem zusätzlichen Teleobjektiv mit **optischem 2-fach-Zoom**. Damit lässt sich das Motiv fast ohne Qualitätsverlust näher heranholen. Die Zoom-Linse ist jedoch oft vergleichsweise lichtschwach. Eine Hauptkamera mit lichtstarker Blende von bis zu f/1.7 wird beispielsweise von einem zweiten Sensor mit einer Blende von nur f/2.4 ergänzt. Deshalb funktioniert der optische Zoom oft nur bei guten Lichtverhältnissen. Ist das Motiv zu dunkel, wird automatisch der Digitalzoom aktiviert.

In immer mehr Modelle, insbesondere in den höheren Preisklassen, werden zwei Teleobjektive eingebaut, mittels derer man zwischen zwei Brennweiten hin- und herschalten kann. Ein Beispiel ist das Sony Xperia 5 III, das ein „kurzes Tele" mit 70 mm Brennweite und ein „langes Tele" mit 105 mm Brennweite besitzt. Mit Letzterem lässt sich das Motiv über den 4,4-fach-Zoom noch näher heranholen.

Linse oder Objektiv?

In der Werbung, den Medien, aber auch im allgemeinen Sprachgebrauch ist immer wieder von „Linsen" oder auch „Mehrlinsen"- oder „Multilinsen-Systemen" die Rede, wenn es eigentlich um Objektive geht. Es stimmt schon: Handy-Kameras haben Objektive, die meist recht einfach aus einem Sensor und wenigen Linsen aufgebaut sind und sehr kleine Brennweiten aufweisen. Außerdem haben sie oft ganz spezifische Aufgaben und vermessen beispielsweise den umgebenden Raum, sodass der Begriff Objektiv nicht wirklich angemessen scheint. Trotzdem sollte man im Dienst einer besseren begrifflichen Abgrenzung von Objektiven reden, die aus einer oder mehreren Linsen aufgebaut sein können.

Weitwinkel

Wie der Name schon sagt und man es aus der traditionellen Fotografie kennt, bieten zusätzliche Weitwinkelkameras die Möglichkeit, den Bildausschnitt zu erweitern. Das ist insbesondere bei Landschaftsaufnahmen hilfreich. Erreicht werden Erfassungswinkel zwischen 70 und 80 Grad, beim sogenannten Superweitwinkel sogar bei mehr als 120 Grad. Auch hier muss man häufig mit weniger lichtstarken Blenden und geringeren Auflösungen leben. Eine typische Konfiguration ist ein Weitwinkel als Hauptkamera, das von einem Superweitwinkelmodul ergänzt wird.

Tipp. In bestimmten Situationen kann es sinnvoll sein, das Superweitwinkel zu verwenden und dabei näher an das Motiv heranzugehen, um den Bildausschnitt anzupassen. Je nach Signalverarbeitung des verwendeten Modells kann die Aufnahme dann unter Umständen schärfer ausfallen.

Monochrom-Objektive

Andere Hersteller kombinieren die Hauptkamera stattdessen mit einem **Monochromsensor**. Der Hauptsensor ist dann für die Grundfarben Rot, Grün und Blau zuständig, das zweite Objektiv für **Schwarz und Weiß**. Die Informationen beider Sensoren werden zu einem Bild zusammengefügt, um detail- und kontrastreichere Aufnahmen zu ermöglichen.

Das Monochrom-Objektiv kann aber auch dazu dienen, die Tiefeninformationen des Motivs zu erfassen und einen Bokeh-Effekt (siehe „Bokeh-Effekt", ► Seite 32) zu erzeugen. Die KI des Smartphones kann auf diese Weise recht präzise die unterschiedlichen Bildebenen ermitteln und einzelne davon bei Bedarf künstlich unscharf stellen. Dieser Effekt, der auch **„Selektiver Fokus"** genannt wird, ist aber prinzipiell auch ohne zweite Kamera möglich und kann ausschließlich rechnerisch erzeugt werden.

Time-of-Flight-Sensoren

Bei sogenannten „ToF"-Kameras oder auch „3D"-Kameras werden spezielle Infrarot-Bildsensoren in das Kamerasystem integriert. Der Name „Time of Flight" (im Deutschen „Laufzeitverfahren" genannt), kommt daher, dass solche Systeme die Zeit messen, die ein Lichtpuls braucht, vom Motiv reflektiert und an den Sensor zurückgeschickt zu werden. Die so ermittelten Daten geben Aufschluss über Entfernung und Oberflächenbeschaffenheit von Objekten – sogar bei dunkler Umgebung. Damit lassen sich verschiedene Tiefenschärfeeffekte erzielen, die Kameraeinstellungen können den erkannten Objekten entsprechend angepasst werden. Die Technik kommt für Augmented-Reality-Anwendungen (siehe Kasten) oder die 3D-Gesichtserkennung („Face ID") aktueller iPhones zum Einsatz.

„Live View" und Augmented Reality

Wer öfter in der Fremde unterwegs ist, kennt das vermutlich: Man versucht, sich mithilfe des Handys zu orientieren, doch die App schafft es nicht, die korrekte Bewegungsrichtung anzuzeigen. Der Pfeil dreht sich mal hier, mal da hin und lotst einen ständig in die Irre. Um den Nutzern besser anzuzeigen, wo es langgeht, werden zunehmend AR-Funktion der Kamera genutzt. „AR" ist die Abkürzung von „Augmented Reality", was übersetzt etwa „erweiterte Realität" bedeutet. Konkret heißt das: Über das Live-Kamerabild des Handys werden passend zur Umgebung grafische Elemente eingeblendet. Das können einfache Pfeile sein, Texte oder Animationen.

In der Google-Maps-App funktioniert das beispielsweise folgendermaßen: Man öffnet die App, tippt auf das Menü-Symbol (drei waagrechte Striche) oben links und dann auf „Navigation". Hier gibt man wie bisher eine Adresse ein oder markiert ein Ziel auf der Karte und tippt auf „Route" oder „Start". Danach tippt man auf das „Live View"-Symbol, eine stilisierte Markierungsnadel. Beim ersten Start muss man Google Maps den Zugriff auf die Kamera gestatten. Die Karte wird nun in einem kleinen Bildausschnitt unten am Display angezeigt, über dem „Standortsuche" steht. Das Handy muss jetzt waagrecht hin und her bewegt werden, während die App nach markanten Standortmerkmalen wie Gebäuden oder Straßenschildern sucht. Der nächste Schritt, den man auf seinem Weg tun muss, wird dann durch Pfeile angezeigt, sodass man immer genau weiß, in welcher Richtung das Ziel liegt.

Aktuelle Fotohandys

Samsung Galaxy S21 Ultra 5G

Das aktuelle Vorzeigemodell des koreanischen Konzerns besitzt eine Vierfach- oder Quad-Kamera, bestehend aus einer Hauptkamera mit 108 MP und 26 mm Brennweite, einem 13-mm-Ultraweitwinkel und zwei Telekameras mit 70 mm und 240 mm Brennweite. Das 70-mm-Objektiv stellt sozusagen einen Zwischenschritt dar, da sonst alle Brennweiten zwischen der Hauptkamera und der höchsten Zoomstufe digital erzeugt werden müssten. Weitwinkelaufnahmen eignen sich für Landschaften und Panoramen, wenn das Motiv, etwa bei Architekturaufnahmen, raumgreifend oder vollständig abgebildet werden soll, und man bei der Aufnahme nicht genug Abstand nehmen kann.

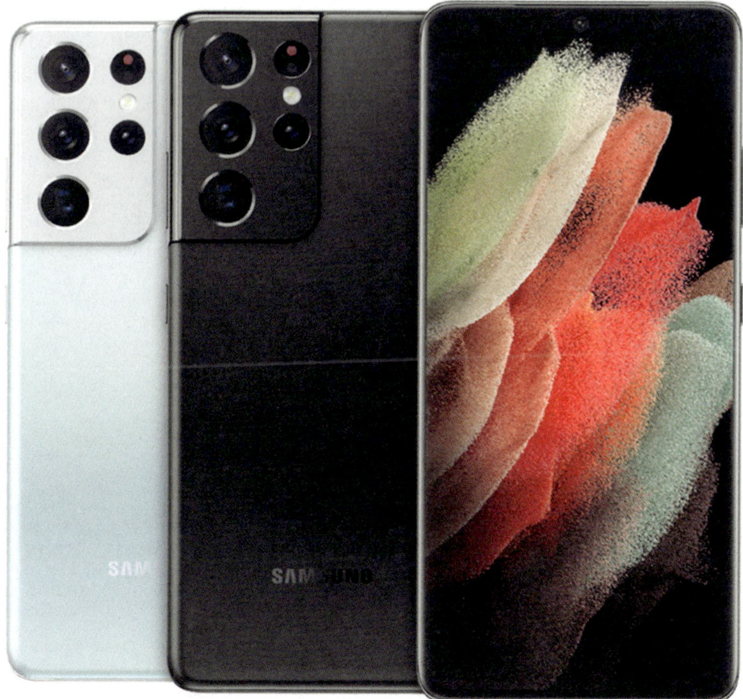

Die Galaxy-S21-Reihe von Samsung mit vier Kameraobjektiven (Foto: Samsung)

iPhone 12 Pro Max

Hier sieht man, wie unterschiedlich die Kamerakonzepte sein können. Das iPhone 12 (iPhone 13 siehe ► Seite 55ff) bietet drei Sensoren mit jeweils 12 MP – und setzt sich damit gegen die allermeisten Konkurrenten mit höheren MP-Werten durch. Die Kombination aus Weitwinkel mit f/1.6-Blende und 26-Millimeter-Objektiv, ein Ultra-Weitwinkel (f/2.4) und ein Teleobjektiv mit (f/2.2) ermöglicht im Zusammenspiel mit der Software die besten Ergebnisse, die derzeit in der Handyfotografie möglich sind. Ein spezieller Sensor misst die räumlichen Gegebenheiten, was etwa bei der Trennung von Vorder- und Hintergrund hilft. Die iPhone-Kamera glänzt zudem bei Porträtaufnahmen und schlechten Lichtverhältnissen.

Xiaomi Mi 11 5G

Ein 50-Megapixel-Hauptsensor mit f/1.95-Blende, ein Ultra-Weitwinkel und ein Teleobjektiv mit je 48 Megapixeln bilden die Kamera des Xiaomi-Flaggschiffs. Der Clou ist, dass der Hauptsensor an die Größe von Kompaktkamerasensoren heranreicht und mit einem „Dual-Pixel-Pro-Autofokus" den Kontrast für jedes einzelne Pixel vermisst. Mit einem separaten ToF-Sensor wird die zu fotografierende Szene mit Lichtstrahlen abtastet. „ToF" steht für „Time of Flight", da die Zeit gemessen wird, die das ausgesandte Licht bis zum Objekt und wieder zurück braucht (siehe auch ► Seite 52). Für solch komplexe Rechenoperationen brauchen aktuelle Smartphones leistungsstarke Prozessoren.

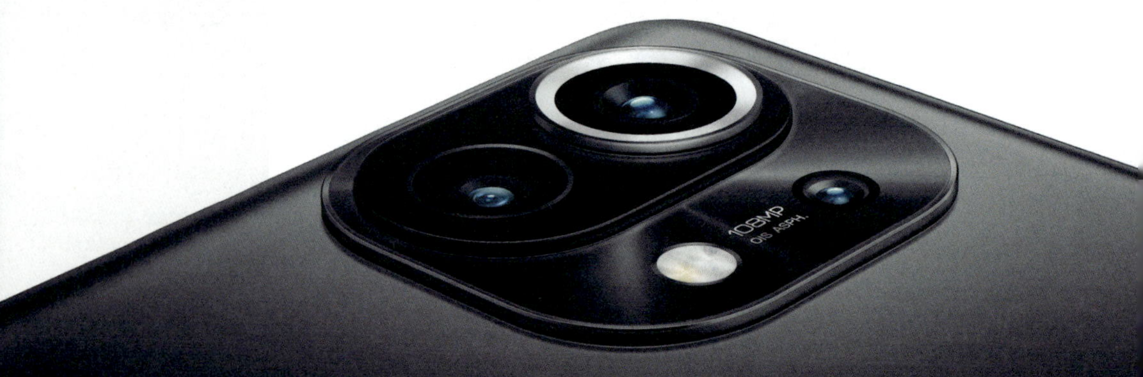

Die Kameraeinheit des Xiaomi Mi 11 (Foto: Xiaomi)

OPPO A94 5G

Das Modell aus China beweist, dass man für ambitionierte Kameratechnik nicht unbedingt einen vierstelligen Betrag ausgeben muss. Das Gerät ist mit vier Kamerasensoren ausgestattet: ein 48-MP-Hauptsensor, der von einem 2-MP-Tiefensensor zur Raumvermessung unterstützt wird. Es gibt einen 2-MP-Makro- und einen 8-MP-Weitwinkelsensor. Auch bei Videoaufnahmen schlägt sich das Modell ausgezeichnet. Ein elektronischer Bildstabilisator gleicht Verwackelungen aus, der „Ultra-Nacht-Video-Algorithmus" verbessert bei schwachem Licht aufgenommene Bewegtbilder. Das A94 5G hat eine UVP von 400 Euro, ist aber aktuell schon für rund 350 Euro zu haben.

iPad Pro (2021)

Das iPad-Flaggschiff von Apple ist insbesondere ein ausgezeichnetes Gerät, um Fotos zu bearbeiten. Man kann aber auch welche damit schießen. Im Gegensatz zu den Pro-Modellen des iPhones besitzt es weiterhin keine Triple-Kamera. Stattdessen ist der „LiDAR-Scanner" für die Vermessung des Raums zuständig. LiDAR (kurz für „Light Detection and Ranging") funktioniert wie ein Radar, nutzt aber Laserstrahlen. Das eröffnet neue Möglichkeiten für Augmented Reality (siehe ► Seite 52), aber auch für die Fotografie. Ähnlich der „Time of Flight"-Technik (siehe ► Seite 52, 55) wird damit gemessen, wie lange es dauert, bis Licht ein Objekt erreicht und wieder zurückkommt.

Die neue iPhone-13-Serie (2021)

Bei den Kameras geht Apple konsequent seinen Sonderweg weiter. Die maximale Auflösung stagniert bei 12 Megapixeln, dafür vergrößert der Hersteller den Sensor der Hauptkamera. Das ermöglicht größere Pixel, die mehr Bild- und Lichtinformationen aufnehmen können – wichtig bei schwachem Licht, mit dem Handykameras noch immer Probleme haben. Das iPhone 13 Pro Max besitzt zusätzlich einen Dreifach-Zoom und einen Makromodus für extreme Nahaufnahmen. All diese Informationen müssen natürlich auch verarbeitet werden, was erklärt, wozu die zusätzliche Rechenleistung benötigt wird, mit der die aktuellen iPhones ausgestattet sind. Der darin verbaute „A15 Bionic"-Chip basiert auf der 5-Nanometer-Technologie, was wesentlich kleinere Transistoren ermöglicht. Rund 15 Milliarden sind es in den neuen Modellen, eine unvorstellbare Zahl, aber mit ganz konkretem Nutzen. Denn kleinere Recheneinheiten können mehr Kalkulationen durchführen, ohne sich zu stark aufzuheizen. Damit gelingt Apple das Kunststück, mehr Leistung bei geringerem Verbrauch zu erzielen. Hinzu kommt ein vier-, bei den Pro-Modellen fünfkerniger Grafikprozessor.

Die Objektive des iPhone 13 – hier im Vergleich zu denen des iPhone 11 – sind erkennbar größer geworden. Größer sind natürlich auch die dahinterliegenden Sensoren bzw. die das Licht einfangenden Pixel

Neu ist die Funktion „Fotografische Stile", mit der Sie bereits während der Aufnahme eine bestimmte Stimmung festlegen können. Gehen Sie

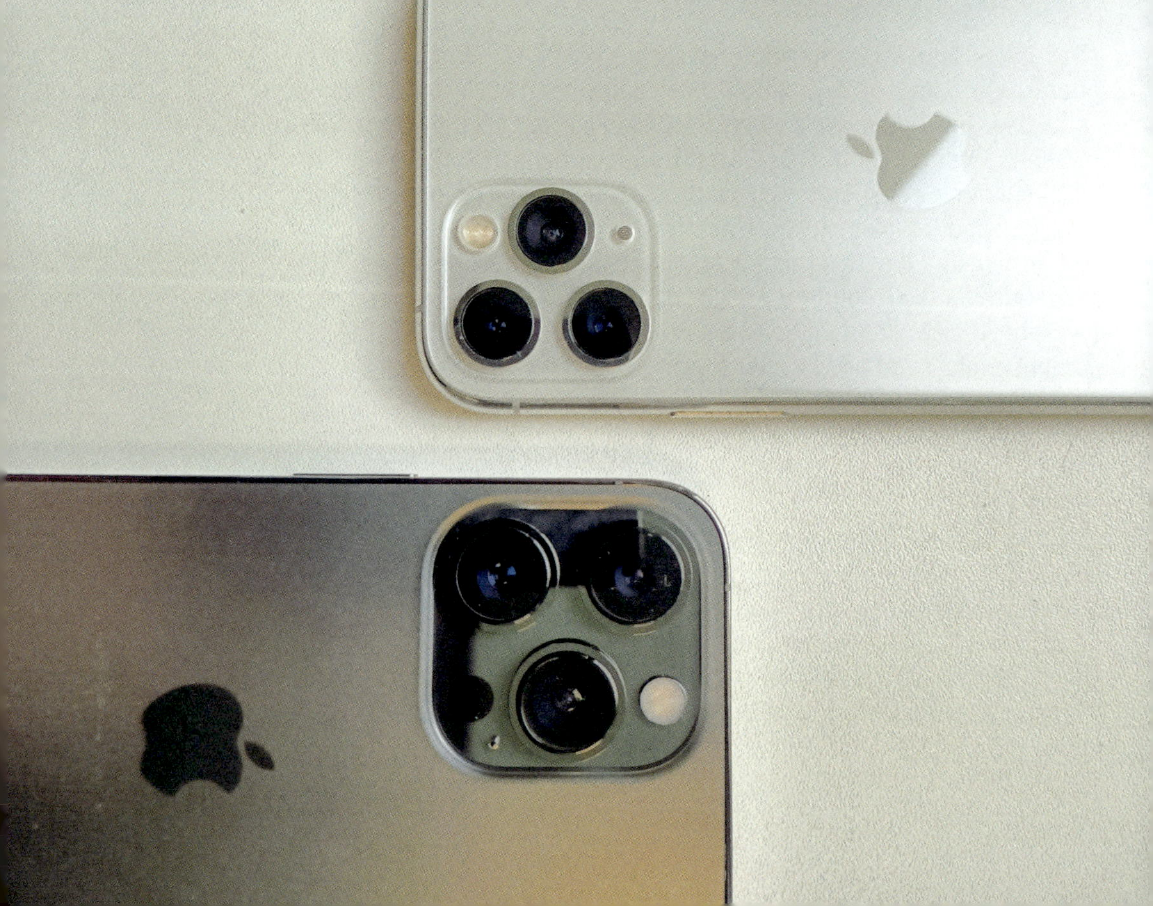

dazu in die „Einstellungen" und dort zu „Kamera" und „Fotografische Stile". Alternativ tippen Sie in der App „Kamera" auf die Taste „Kamerasteuerung" und dann auf die Taste „Fotografische Stile". Dort können Sie Stiloptionen wie „Kontrastreich" oder „Leuchtend" wählen und weitere

iPhone Kamera-App-Einstellungen

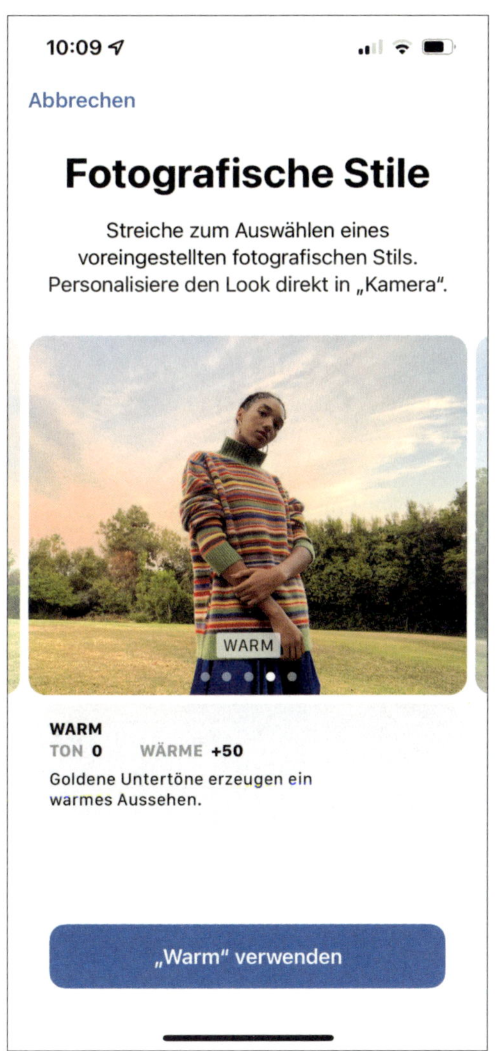

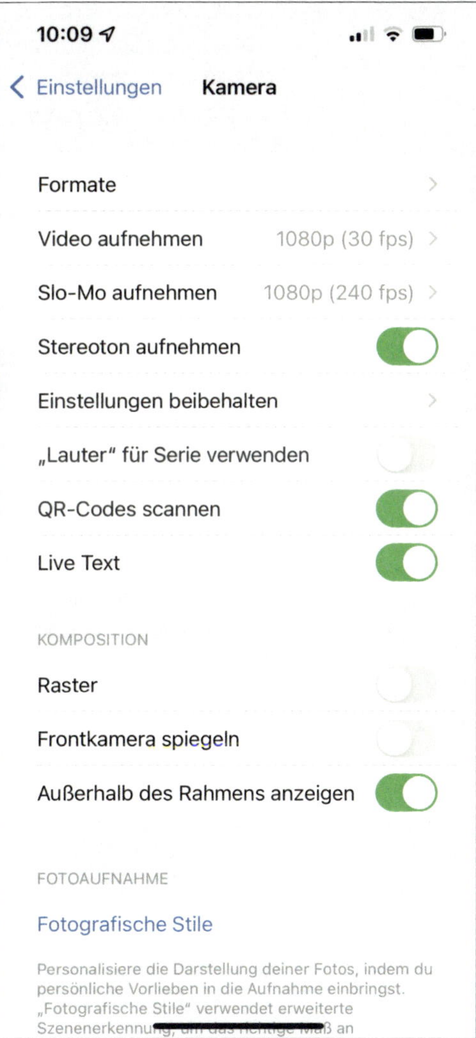

Anpassungen wie Ton und Wärme vornehmen. Danach nimmt die App „Kamera" automatisch Fotos mit diesen Einstellungen auf.

In den „Einstellungen" finden Sie noch weitere Optionen, mit denen Sie die Verwendung der Kamera-App dauerhaft beeinflussen können. Das gilt übrigens auch für einige Vorgängermodelle des iPhone 13. Dazu gehört beispielsweise „Schnelle Aufnahmen priorisieren". Ist diese Option aktiviert, passt die iPhone-Kamera die Bildverarbeitung intelligent an, wenn Sie den Auslöser schnell drücken. Damit sollen spontane Aufnahmen verbessert werden. Unter „Komposition" in den Einstellungen können Sie außerdem:

- Dauerhaft ein Raster einblenden, um beispielsweise horizontale Linien leichter gerade aufnehmen zu können.
- Die „Frontkamera spiegeln". Wenn Sie ein „Selfie" aufnehmen, sehen Sie sich nicht so, wie ein Fotograf Sie sehen würde, sondern wie bei einem Blick in den Spiegel. Das Foto, das dann gespeichert wird, ist aber demgegenüber gespiegelt. Aktivieren Sie die genannte Funktion, ist die gespeicherte Aufnahme genau so, wie Sie sie in der Vorschau gesehen haben.
- Ist „Außerhalb des Rahmens anzeigen" aktiviert, speichert die Kamera einen größeren Bildausschnitt als den, den Sie beim Fotografieren gewählt haben. Damit haben Sie die Möglichkeit, den Bildausschnitt nachträglich anzupassen, etwa wenn Sie feststellen, dass ein Gegenstand oder eine Person vom Bildrand unglücklich überschnitten wurde.

Die Kameras der iPhone-13-Reihe

iPhone 13 und 13 mini. Weitwinkel: 12 MP f/1.6, Ultraweitwinkel: 12 MP, f/2.4, 120 Grad

iPhone 13 Pro und Pro Max. Weitwinkel: 12 MP f/1.5, Ultraweitwinkel: 12 MP, f/2.4, 120 Grad, Telezoom: 12 MP mit *ƒ*/2.8, 3x optischer Zoom (6x optischer Zoombereich), 15x Digital; LiDAR Scanner; Sensor-Shift optical image stabilization, Apple ProRAW, Nachtmodus Porträts

Was Sie über den Sensor wissen sollten

Ebensowenig wie von der Anzahl der Objektive, sollten Sie sich von gewaltigen Megapixel-Zahlen wie „108 MP" blenden lassen. Mehr MP, das verspricht zunächst einmal eine höhere Auflösung und schärfere Bilder. Das kann durchaus auch so sein, doch letztlich hängt die tatsächliche Bildqualität von der genauen Spezifikation der Kameraeinheit in einem Smartphone und der im Hintergrund arbeitenden Software ab – selbstverständlich auch von den Fähigkeiten der Fotografin oder des Fotografen, doch dazu mehr im Praxisteil. Das Problem ist, dass die Sensorgröße, also die Fläche, auf die Licht fallen kann, an technische und physikalische Grenzen stößt. Packt man mehr Bildpunkte auf die gleiche Fläche, werden die Pixel zwangsläufig kleiner und lichtschwächer. Zudem gilt hier wie bei jeder Spiegelreflexkamera: Je größer ein Pixel ist, desto weniger Bildrauschen entsteht und desto besser ist der Dynamikumfang.

Für das iPhone 12 Pro Max verwendet Apple daher einen extragroßen 12-MP-Sensor für die Hauptkamera. Das hat auch positive Auswirkungen auf die Datenverarbeitung: Die Hauptkamera liefert 12-Bit-RAW-Dateien, die mit rund 25 MB platzsparend und gut zu handhaben sind. Durch die Beschränkung auf 12 MP hat man dann allerdings auch weniger Spielraum beim Zoom, die Brennweite der Telelinse ist eingeschränkt. Samsung lässt beim Galaxy S21 Ultra 5G dagegen den Nutzern die Wahl: Man kann die vollen 108 MP nutzen oder je neun Pixel zu einem zusammenfassen, wodurch man wie beim iPhone 12 MP erhält. Die hohe MP-Zahl führt zu mehr Flexibilität beim Zoom: Der Digitalzoom, der zwischen den beiden Objektivbrennweiten zum Einsatz kommt, liefert auch in hohen Zoomstufen noch scharfe Bilder.

Welches Zubehör ist sinnvoll?

Zum Fotografieren braucht man eigentlich nicht viel mehr als ein Smartphone. Doch ähnlich wie bei analogen und digitalen Kameras gibt es mittlerweile eine nahezu unüberschaubare Menge an Zubehör. Darunter befinden sich durchaus Lösungen für Probleme, die man vorher eigentlich gar nicht hatte, und die sich in bestimmten Situationen trotzdem als gute Idee erweisen. Und schließlich musste auch der an touristischen Hotspots heute allgegenwärtige Selfie-Stick irgendwann einmal erfunden werden. Doch welche Ausgabe lohnt sich wirklich?

Fester Stand: Stative

Um Fotos nicht zu verwackeln, ist es sinnvoll, das Smartphone wie eine normale Kamera auf ein Stativ zu montieren. Wichtig ist das insbesondere bei länger belichteten Aufnahmen, Makrofotos oder Porträts. Dreibeinige Kleinstative, auch Tripods genannt, gibt es ab etwa 25 Euro im Fachhandel oder online. Achten Sie auf die auf den ersten Blick überraschenden Stichworte „Oktopus" und „Gorilla", wenn Sie besonders flexibel bei der Bildgestaltung sein wollen. „Oktopus" deutet an, dass die Beine biegbar sind. Das ermöglicht eine extrem variable Anpassung des Blickwinkels. Der Zusatz „Gorilla" bringt zum Ausdruck, dass man die Beine beispielsweise auch um Stangen oder Äste biegen kann, um das Handy an ungewöhnlichen Orten zu befestigen. Häufig sind die Standfüße zudem magnetisch, um einen besseren Halt, insbesondere an metallischen Oberflächen, zu gewährleisten.

Stative für Handys unterscheiden sich nicht wesentlich von normalen Kamerastativen, außer dass sie meist kleiner sind. Wichtig ist die Befestigung. Denn anders als Kameras haben Mobiltelefone kein Gewinde zum Anschrauben. Daher braucht man zum Stativ noch eine Stativklemme, im Handel auch als „Stativadapter" oder unter der englischen Bezeichnung „Mount" zu finden. Die Bandbreite der Ausführungen ist riesig. Das gilt auch für die Preise, die bei etwa sieben oder acht Euro starten, sich aber auch im Bereich von 80 Euro bewegen können. Ein Modell der untersten Preiskategorie ist aber meist ausreichend, um das Smartphone auch mit bereits vorhandenem Kamerazubehör verbinden zu können.

Aus Erfahrung empfehlenswert ist etwa Polarduck Mini Stativ inkl. Halterung für GoPro-Kamera und Smartphone für ca. 14 Euro.

Aus der Distanz: Fernauslöser

Ob sie mit oder ohne Stativ fotografieren – Fernauslöser oder „Kamerablendenfernbedienungen", um das schöne deutsche Bandwurmwort zu bemühen, sind auf jeden Fall eine lohende Anschaffung. Die handlichen Geräte sind schon ab sieben Euro zu haben. Sie bestehen im Grunde nur aus einem Knopf, der per Bluetooth mit dem iPhone oder dem Android-Gerät verbunden wird und gerne auch mit Armbandschlaufen und Schlüsselanhängern kombiniert wird. Damit sind nicht nur wackelfreie Aufnahmen und Selbstporträts, sondern auch Aufnahmen aus ausgefallenen Perspektiven möglich. Besitzer einer Apple Watch oder einer Samsung Galaxy Watch können übrigens mithilfe einer auf der Smartwatch befindlichen App die Kamera eines (dafür geeigneten) Smartphones steuern, Miniatur-Sucherbild am Handgelenk inklusive.

Für alle anderen Fälle empfehlenswert: Camkix Kamerablenden-Fernbedienung für ca. 8 Euro.

Handy im Griff: Grips

Für wackelfreie Aufnahmen nimmt man das Smartphone am besten in beide Hände. Noch ruhiger hält man es mit einer tragbaren Halterung, englisch „Grip" oder „Grip Mount". Das Gerät wird wie bei einer Stativklemme eingespannt und dann mit einer Hand am Griff gehalten. Achten Sie darauf, dass die beiden Backen der Klemme sich weit genug öffnen lassen, damit ihr Smartphone hineinpasst. Wenn Ihr Handymodell in der Produktbeschreibung auftaucht: umso besser. Es gibt auch Modelle, bei der das Smartphone von einem Magneten gehalten wird. Aktuelle Handymodelle werden allerdings immer besser darin, Bewegungen mit Bildstabilisatoren auszugleichen, sodass sich der Nutzen von Grips relativiert.

Empfehlenswert: Joby Grip Tight Mount Pro, ca. 35 Euro.

Von den Profis übernommen: Gimbals

Eine technische Stufe weiter sind sogenannte Gimbals. Noch vor nicht allzu langer Zeit fand man diese Geräte nur in der professionellen Filmproduktion. Nachdem sie sich nach und nach auch bei privaten Anwendern durchgesetzt haben, sind sie nun auch für Mobiltelefone zu haben. Da ein gutes Gimbal durch integrierte Motoren und Sensoren (sogenannte „Gyroskope") auch heftige Bewegungen automatisch ausgleicht, kann man damit sogar im Laufen filmen. Für ambitionierte Videos fast unabdingbar, ist der Nutzwert von Gimbals für den Bereich der Fotografie eingeschränkt. Hier bieten sie sich etwa für Nachtaufnahmen an, um die Scheinwerfer vorbeifahrender Autos als Lichtstreifen einzufangen. Noch mehr Möglichkeiten bieten Modelle mit Panoramamodus und Objektverfolgungsmodus. Die Preise reichen von etwa 80 Euro bis zum mittleren dreistelligen Bereich. Problem: Je besser das Gimbal, umso schwerer ist es oft auch. Modelle wie das VLOG Pocket 2 von FeiyuTech bieten einen guten Kompromiss und sind nicht nur bezahlbar, sondern auch extrem leicht. Das VLOG Pocket bringt nur etwas mehr als 270 Gramm auf die Waage und passt in nahezu jede Tasche.

Empfehlenswert: Joby Grip Tight Mount Pro, ca. 35 Euro; FeiyuTech, VLOG Pocket 2, ca. 80 Euro.

Unverzichtbares Touristen-Accessoire: Selfie-Sticks

Praktisch schon ein Pseudonym für den Handyfoto-Boom. Wer damit leben kann, etwas albern auszusehen und sich überall sofort als Tourist zu erkennen zu geben, kann sich damit vor allen erdenklichen Sehenswürdigkeiten ablichten, ohne sein Smartphone einem Fremden in die Hand geben zu müssen. Die Modellauswahl ist praktisch unendlich, typische Varianten lassen sich von etwa 25 Zentimetern auf fast einen Meter ausziehen, haben oben ein Gelenk zum Verstellen und am Ende ein Gewinde zur Befestigung auf Stativen. Zum kabellosen Auslösen ist in den Griff meist ein kleiner Bluetooth-Knopf integriert, der zunächst mit der Kamera gekoppelt werden muss. Es gibt auch Modelle, deren Griff man zu einem Tripod ausklappen kann. Entscheidend ist, dass das Smartphone fest in der Halterung sitzt. Denn sonst kann es unabhängig vom eher kleinen Kaufpreis schnell sehr teuer werden, wenn sich das 800-Euro-Galaxy in einem ungünstigen Moment selbstständig macht.

Empfehlenswert: ATUMTEK Bluetooth Selfie Stick Stativ, für iPhone und Samsung-Smartphones, ca. 30 Euro; Arktis Pro Premium, ca. 20 Euro.

Für ganze besondere Momente: Panoramakopf

Keine eigene Produktkategorie, sondern eher eine Kuriosität für besondere Einsatzzwecke. Der Panoramakopf steht auf ausklappbaren Beinen und lässt sich alternativ auf ein Stativ schrauben. Per Bluetooth-Fernbedienung kann ein in die Halterung geklemmtes Smartphone in flexibel einstellbarem Tempo um 360 Grad gedreht werden. So entstehen eindrucksvolle Panoramaaufnahmen ohne Wackler und andere Ungleichmäßigkeiten.

Empfehlenswert: Cullmann 50220 SMARTpano 360, ca. 40 Euro.

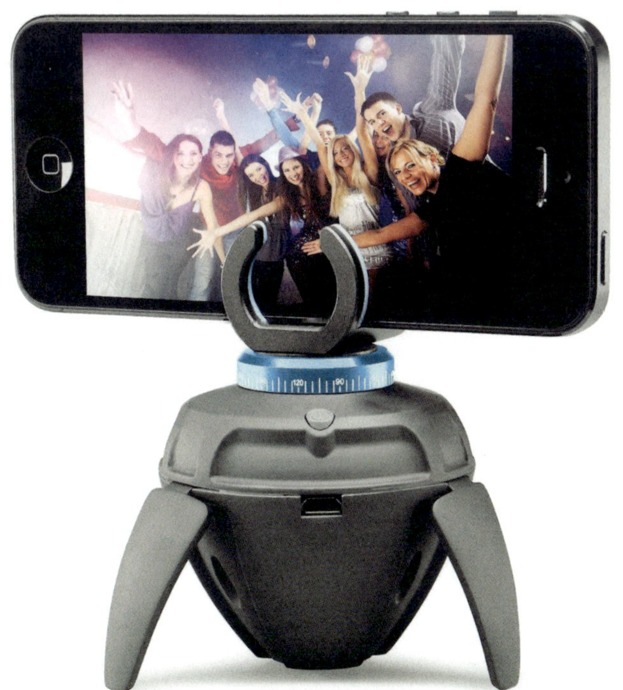

Eher (Party-)Spaß als ernsthaftes Foto-Accessoir (Foto: Cullman)

Gut beleuchtet: LED-Licht

Vom Einsatz eines Blitzes ist eher abzuraten, viel besser sind LED-Videoleuchten zur gleichmäßigen Ausleuchtung von Innenräumen oder anderen dunklen Motiven. Diese mit LEDs ausgestatteten und über USB mit Strom versorgten Boxen gibt es in allen erdenklichen Größen und Preisklassen und für die unterschiedlichsten Einsatzgebiete. Wichtig ist, dass man das Licht stufenlos regeln und die Werte auf einem kleinen Display auf der Rückseite ablesen kann. 5.600 Kelvin, ein Wert, der dem Tageslicht am nächsten kommt, ist ideal. Dazu ist ein passender, für wenige Euro erhältlicher Softboxfilter (auch „Diffusor" genannt) hilfreich. Der Filter wird einfach über die Kamera gezogen und wirkt gewissermaßen wie ein Make-up von außen, kaschiert bei Selfies Hautunreinheiten und Augenringe. Für ein Markenmodell muss man etwas mehr ausgeben, doch die Investition lohnt sich. Wer sein Gesicht gerne mehr in den Fokus rücken und ansprechend ausleuchten möchte, ist mit einem Ringlicht gut beraten, das etwa ab 50 Euro erhältlich ist.

Welches Modell Sie auch verwenden: Die erzielte Wirkung ist abhängig von der Position. Wer oft Makro- oder Porträtaufnahmen macht oder Stillleben fotografiert, sollte über die Anschaffung eines zusätzlichen Mini-Stativs (siehe ► Seite 60) nachdenken. Auch an Tischen oder anderen Möbeln zu befestigende Armhalterungen sind eine gute Lösung. Sind sie nicht im Lieferumfang der Lampe enthalten, kann man sie separat ab etwa 15 bis 20 Euro dazukaufen. Die meisten LED-Leuchten haben an der Unterseite ein Gewinde oder eine magnetische Rückseite. Ansonsten kann man sich mit einer Handyhalterung behelfen.

Empfehlenswert: Moman MFL-06 Videoleuchte (180 LEDs und 3.000K – 6.500K), ca. 70 Euro.

Annäherung an Systemkameras: Linsenset

Eine Smartphonekamera hat nur fest verbaute Objektive und damit auch feste Brennweiten. Aber kann man nicht einfach ein Objektiv vor die eingebaute Linse setzen? Man kann, und zwar über eine Clip-Halterung mit Gewinde, an das sich unterschiedliche, auf Smartphones ausgerichtete

Objektive anschrauben lassen. Die Zahl der angebotenen Sets ist riesig, sodass kein pauschales Urteil über die Qualität gefällt werden kann. Sehr wertig ist das Objektiv-Set von Lieront. Es bietet ein 210°-Fisch-

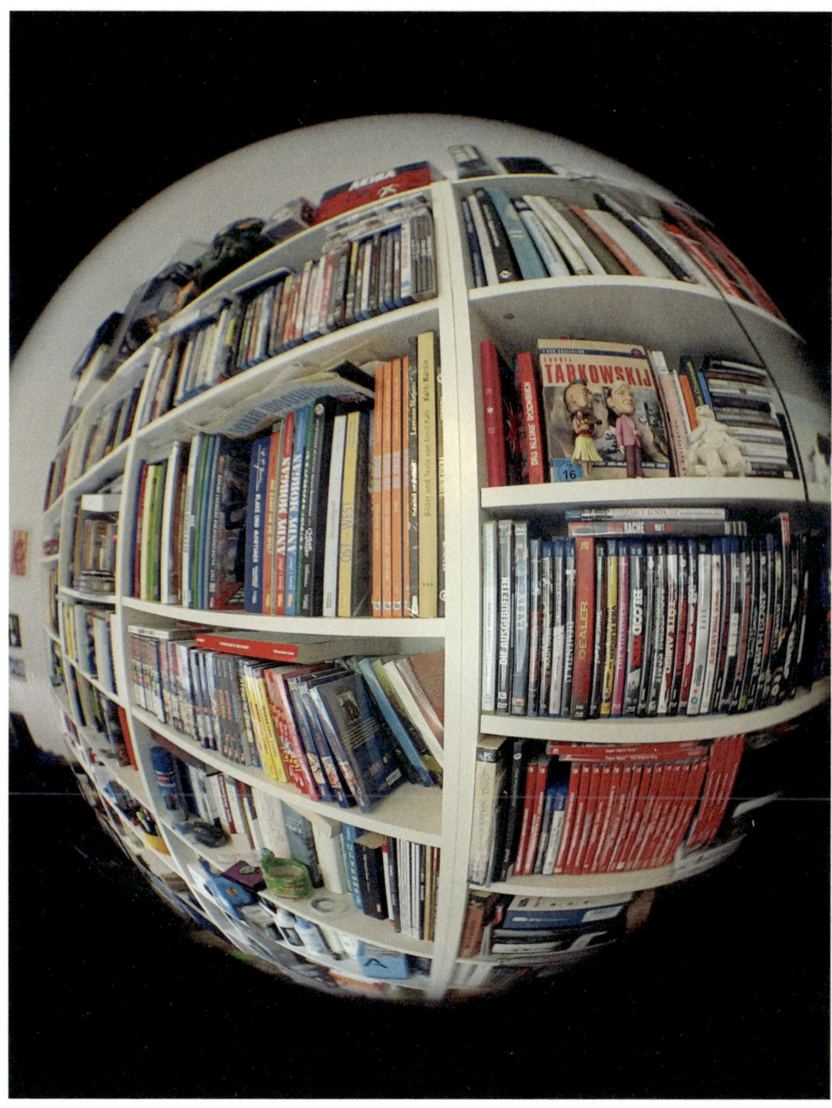

So ein Medienregal macht in Fischaugenoptik gleich viel mehr her

auge, 25x-Teleobjektiv, 25x-Makro, ein 0,65x-HD-Weitwinkel und eine Kaleidoskop-Linse. In der Hartkunststofftasche findet sich außerdem ein kleines Tripod-Stativ samt Handyhalterung.

Die Aufsätze werden in einem durch eine Feder am Gerät gehaltenen Clip befestigt, das Gewinde lässt sich nach oben und unten verschieben, um bei unterschiedlichen Handymodellen vor der Hauptkamera platziert werden zu können. Der Clip sitzt sehr fest, sodass es sich empfiehlt, vorsichthalber ein Stück Schaumstoff oder ähnliches als Puffer zwischen Display und Clip zu legen. Über Sinn und Unsinn des Kaleidoskopfilters kann man streiten, das Teleobjektiv ist jedoch eine spannende Sache. Tatsächlich kann man damit weit entfernte Motive heranholen und erzielt damit bessere Ergebnisse als mit dem Digitalzoom. Mit dem Fischauge kann man spaßige und unter Umständen sogar richtig kunstvolle Effekte erzielen. Die Anbringung ist allerdings insgesamt etwas zu umständlich für den Alltagsgebrauch und führt die besonderen Qualitäten einer Smartphonekamera ein bisschen ad absurdum. Eine nette Spielerei für Experimentierfreudige ist es aber allemal.

Empfehlenswert: Der Zubehörmarkt ist sehr schnelllebig. Das von uns getestete Set war bei Drucklegung nicht mehr lieferbar. Nach dem gleichen Prinzip funktioniert das online gut bewertete Selvim Handyobjektiv-Set mit 22x Teleobjektiv, 25x Makro, 0,62x Weitwinkel und 235° Fischauge für knapp 37 Euro – inklusive eines kleinen Tripod-Stativs.

Praxis-Tipps für alle Gelegenheiten

Wie man das Beste aus den vorhandenen Möglichkeiten der Handykamera herausholt

Fotografieren „gegen den Strich"

Aufgrund der beschriebenen physikalischen und technischen Gegebenheiten (siehe „Die technischen Grundlagen", ► Seite 9ff und Kasten ► Seite 34) stehen Smartphone-Fotografen vergleichsweise beschränkte Gestaltungsmittel zur Verfügung. Oft macht die arbeitende Software den Unterschied. Von Haus aus sind die meisten Smartphones darauf ausgelegt, den Nutzern möglichst viele Entscheidungen abzunehmen und automatisch die besten Einstellungen zu wählen. Daher bieten die vom Hersteller vorinstallierten Kamera-Apps wenige Optionen, wesentlich mehr lässt sich durch spezielle Apps von Drittherstellern herausholen (siehe „Apps", ► Seite 107ff). Dennoch, oder gerade deshalb, sollte man die spezifischen Gestaltungsbedingungen kennen, um andere Möglichkeiten zu finden, die gewünschten Effekte zu erzielen. Mancher Nachteil lässt sich dabei in einen Vorteil ummünzen. So ist die Kamera bei den meisten Smartphones nicht zentriert im Gerät untergebracht, sondern in der oberen Ecke. Das führt dazu, dass man ungewöhnliche Perspektiven praktisch automatisch findet. Statt den vermeintlichen Mangel auszugleichen, sollte man sich darauf einlassen und dieses Charakteristikum kreativ nutzen.

Ein fehlender Zoom führt dazu, dass man sich seinen Motiven mehr annähert und dabei Blickwinkel findet, die man mit einer Kamera mit optischem Zoom gar nicht erst gesucht hätte. Auch Mehrfachlinsen und künstliche Intelligenz eröffnen mehr Möglichkeiten, als man zunächst denkt, sofern man sich auf das Abenteuer einlässt, die Technik kreativ zu nutzen und dabei beispielsweise auch einmal den einen oder anderen Aufnahmemodus „gegen den Strich zu bürsten".

Allgemeine Tipps

Linse sauber halten

Eigentlich fast selbstverständlich, aber doch etwas, das man häufig vergisst: Die Hauptkamera von Smartphones befindet sich fast ausnahmslos in der oberen Ecke der Rückseite. Das bedeutet, dass man beim Herausziehen des Mobiltelefons aus der Tasche zwangsläufig auf die Linse fasst. Das hinterlässt Fingerabdrücke, die im schlimmsten Fall bei der Aufnahme als unfreiwilliger Weichzeichner in Erscheinung treten. Ambitionierte Smartphone-Fotografinnen und -Fotografen haben deshalb immer ein kleines Mikrofasertuch zum Reinigen der Linse dabei. Auch vor Verkratzen sollte man die Handykamera schützen. Da die Kamera beim Ablegen des Handys nach unten zeigt, empfiehlt sich eine passende Schutzhülle, die um die Kamera herum einen kleinen Rand hat, sodass die Linse nicht direkt mit der Unterlage in Berührung kommt.

Beide Hände benutzen

Wenn Sie eines der besseren Smartphones besitzen, ist die Kamera wahrscheinlich mit einem guten Bildstabilisator (siehe „Aktuelle Fotohandys", ► Seite 53ff) ausgestattet. Trotzdem kann es auch hier schnell passieren, dass eine Aufnahme durch versehentliche Bewegung verwackelt. Manchmal reicht es schon, einfach nur auf den Auslöser zu drücken. Nehmen Sie das Smartphone beim Fotografieren in beide Hände, um mehr Stabilität zu bekommen.

Berührungslos auslösen

Zum Knipsen können Sie bei den meisten Modellen alternativ die Lautstärketasten verwenden. Das geht auch über den Umweg eines angeschlossenen Kopfhörers, sodass man durch das berührungslose Auslösen keine Bewegung verursacht. Gänzlich berührungslos geht es, wenn Sie den Selbstauslöser benutzen und das Smartphone stabil irgendwo aufstellen.

Die richtige Perspektive finden

Die Aufnahmen unerfahrener Fotografen erkennt man unter anderem daran, dass sie eine ungünstige Perspektive wählen. Von oben nach unten fotografiert, wirkt vieles mickrig, umgekehrt stellen sich oft unfreiwillig komische Effekte ein. Es ist natürlich etwas völlig anderes, wenn man diese Perspektiven gezielt einsetzt. In den allermeisten Fällen aber sollten Sie mit Ihrem Motiv auf Augenhöhe oder ein bisschen tiefer sein. Das Bild erscheint dann tatsächlich wie aus dem Leben gegriffen und nicht wie ein unmotivierter Schnappschuss, für den sich jemand noch nicht einmal die Mühe gemacht hat, in die Hocke zu gehen oder sich etwas auf die Zehenspitzen zu stellen.

Auge in Auge fotografieren

Insbesondere gilt die Auge-in-Auge-Regel für Personen und Tiere. Der Fokus sollte dabei stets auf die Augenpartie gesetzt werden. Schließlich sind es die Augen, die man bei einem Gegenüber normalerweise als allererstes in den Blick nimmt. Mit dem Serienbild-Modus oder der „Live"-Funktion von iPhones (siehe „Live-Fotos", ► Seite 94) vermeidet man außerdem, dass die fotografierte Person im Moment des Ablichtens gerade die Augen geschlossen hat. In diesem Fall nimmt man nämlich einfach die Aufnahme kurz davor oder danach.

Katze auf Augenhöhe

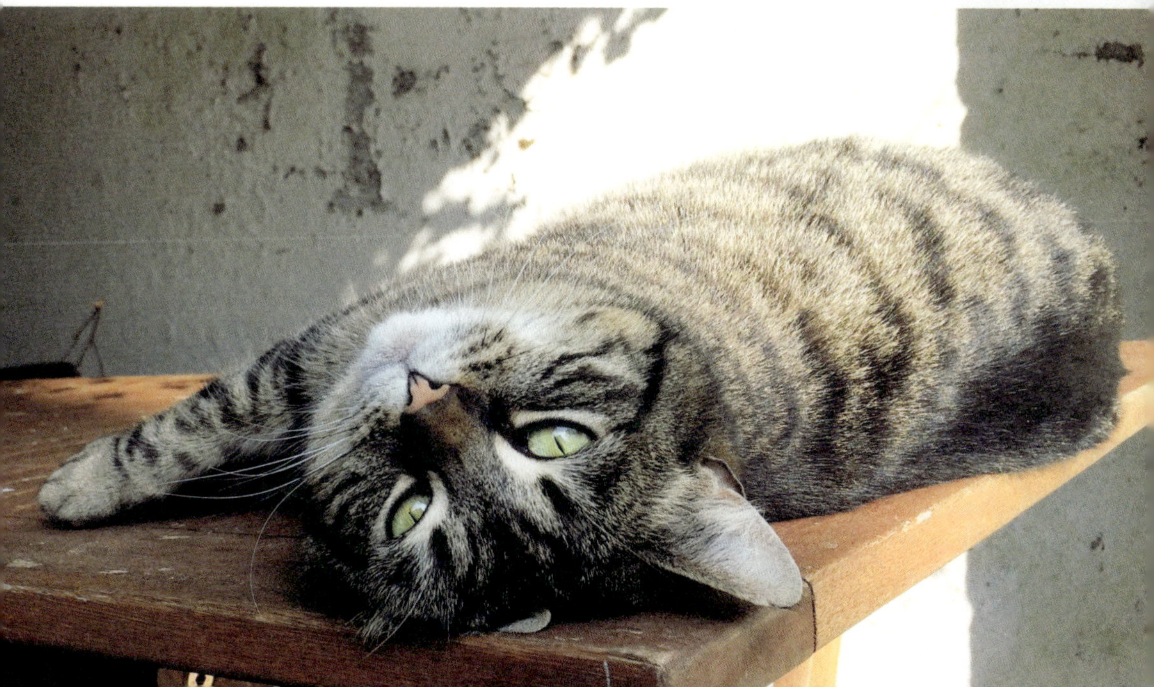

Die Drittel-Regel

Mithilfe von jeweils zwei horizontalen und zwei vertikalen imaginären Linien wird dabei das Bild in neun gleich große Abschnitte unterteilt. Die Hauptmotive sollten Sie entlang einer dieser Linien ausrichten, um eine größere Wirkung zu erzielen. Diese Regel kommt in ganz unterschiedlichen Bildgenres vom Porträt bis zur Landschaft zur Anwendung. In besseren Kamera-Apps gibt es die Möglichkeit, Hilfslinien für die Drittel-Regel in der Bildvorschau auf dem Display einzublenden.

Echtes oder provisorisches Stativ benutzen

Bei bestimmten Einstellungen – einer langen Belichtungszeit oder einem hohen ISO-Wert – oder in bestimmten Situationen fällt es schwer, das Smartphone ruhig zu halten. Am besten behilft man sich mit einem Stativ oder einem Gimbal (siehe „Zubehör", ► Seite 60), mit dem man sogar im Laufen fotografieren kann. Haben Sie keines dieser Hilfsmittel zu Hand, stützen Sie eine Hand an einem „improvisierten Stativ" ab – einem Laternenpfahl, einem Baumstamm oder der Schulter eines Freundes.

Mit den Füßen zoomen

Smartphones arbeiten mit Festbrennweiten (siehe ► Seite 30f). Statt eines echten optischen Zooms, der noch weitgehend Zukunftsmusik ist, gibt es den digitalen Zoom, der sich zumeist durch eine Spreizgeste auf dem Display einstellen lässt. Das ist nur selten empfehlenswert, da die Aufnahmen lediglich hochgerechnet und damit pixeliger werden, je näher man heranzoomt. Die bessere Lösung ist, „mit den Füßen" zu zoomen. Das heißt in der Praxis, einfach ein paar Schritte näher an das Motiv heranzugehen. Das ist zwar nicht immer möglich, bringt aber auch einen gewissen sportlichen Aspekt mit sich und führt im Idealfall dazu, dass man eine originelle Perspektive entdeckt, auf die man mit einem ausgewiesenen Zoomobjektiv nicht gekommen wäre. Kurz gesagt: Statt einfach gedankenlos rein und raus zu zoomen, macht man sich mit einer Festbrennweite mehr Gedanken über Perspektive und Inszenierung des Motivs.

Kreative Perspektiven

Eine Spiegelreflexkamera mit großem Objektiv mag bessere Fotos machen. Aber versuchen Sie doch einmal, die an einen Selfie-Stick zu binden, um sich selbst aus der Vogelperspektive aufzunehmen. Smartphones sind verglichen damit federleicht und können wegen ihrer kompakten Maße auch an ungewöhnlichen Orten platziert werden – zum Beispiel im Kühlschrank, wo man dann per Selbstauslöser oder „Remote Shutter" (siehe „Zubehör", ► Seite 61) eine Aufnahme machen kann. So verrückt muss es aber gar nicht werden, oft reicht es schon, wenn man das Bild ein bisschen kreativ anschrägt oder sich irgendeine andere originelle Perspektive einfallen lässt. Wenn Sie Ihr Handy zum Fotografieren immer nur direkt vors Gesicht halten, berauben Sie sich vieler kreativer Möglichkeiten, die zu den großen Vorzügen der Smartphone-Fotografie gehören.

Die Linien der rechteckigen Lieferkartons liegen diagonal zu dem schräg von oben aufgenommenen Bild – das macht die Aufnahme dynamische und lebendiger

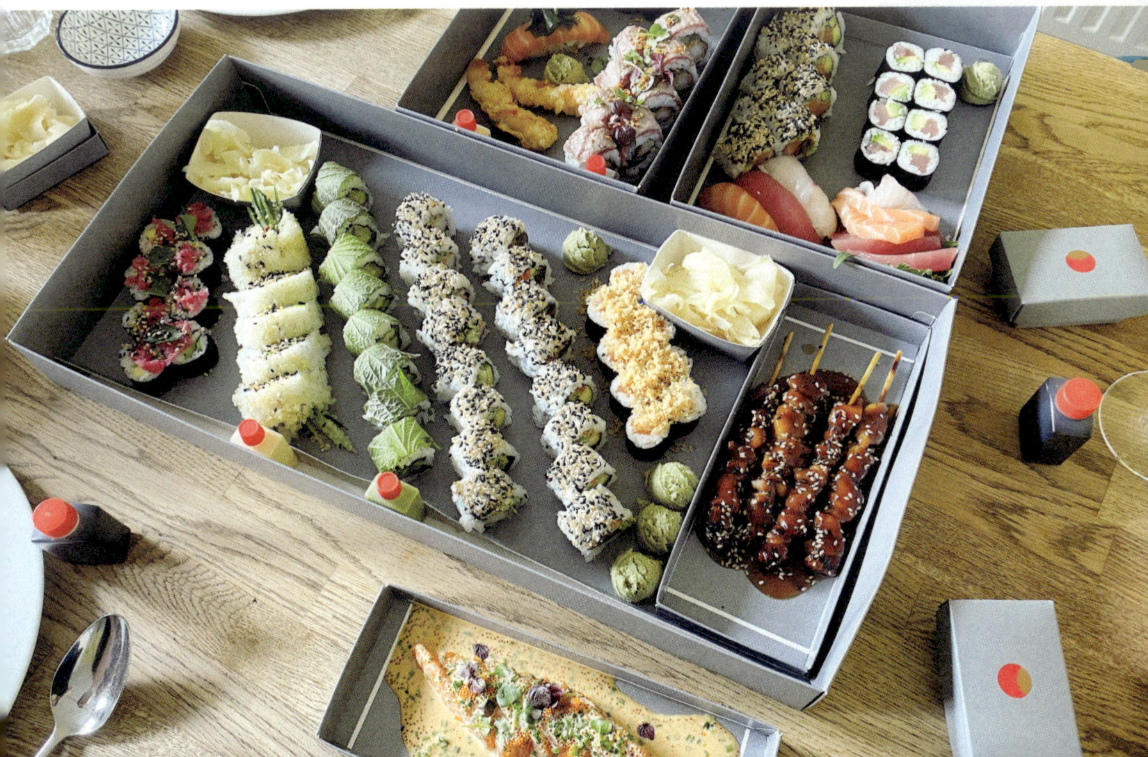

HDR für eine ausgewogene Belichtung

Wer die Kamera auf den „HDR-Modus" stellt (siehe auch ► Seite 44f), möchte meist möglichst dynamische Farben haben. Das kann, etwa bei einer Straßenszene oder einem Foto vom Weihnachtsmarkt, sehr schön wirken, erzeugt jedoch mitunter einen etwas künstlichen Eindruck. Man kann HDR aber auch ganz anders einsetzen, nämlich um schwierigen Lichtverhältnissen zu begegnen. Fotografieren Sie beispielsweise aus einem Innenraum nach draußen, sind die Elemente im Vordergrund wie etwa eine Blumenvase auf der Fensterbank oft zu dunkel, die Landschaft jenseits des Fensters zu hell. Belichten Sie dagegen den Fensterrahmen korrekt, ist das Ergebnis auch wenig befriedigend. Der HDR-Modus schafft hier einen guten Ausgleich. Fallen die Farben am Ende zu bunt aus, legen Sie in der Nachbearbeitung einen Filter über das Bild. Wenn Sie den HDR-Modus auf „automatisch" stellen, schaltet er sich bei schwierigen Lichtverhältnissen selbsttätig ein.

Farbstich reduzieren

In bestimmten Situationen kommt es typischerweise zu einem Farbstich in den Aufnahmen. Ist beispielsweise die vorherrschende Farbtemperatur sehr hoch, macht sich das in einem Blaustich bemerkbar. Diesem Effekt können Sie begegnen, indem Sie den Weißabgleich (siehe „Weißabgleich", ► Seite 43f) von der Standardeinstellung „Tageslicht" auf „Schatten" stellen.

Kameramodi „gegen den Strich" verwenden

Es liegt auf der Hand, dass der „Porträt-Modus" für Porträtaufnahmen gedacht ist. Es wäre aber ein Fehler, ihn nur dafür zu verwenden. Der „Bokeh-Effekt" (siehe ► Seite 32) eignet sich auch hervorragend für Nahaufnahmen von Motiven aller Art, die man vom Hintergrund abheben möchte. Benutzen Sie die Einstellung „Porträt" beispielsweise für eine Sonnenblume vor einem Sonnenblumenfeld, wenn Sie den Hintergrund effektvoll verschwimmen lassen wollen. Umgekehrt kann es auch zu reizvollen Ergebnissen führen, wenn Sie den Makromodus für Landschaften einsetzen. Weil die Algorithmen hinter den diversen Aufnahmemodi von Modell zu Modell und von App zu App sehr unterschiedlich ausfallen können, gilt hier als Faustregel: Haben Sie Mut zum Experimentieren!

Tiefenschärfe erzeugen

Bietet Ihre Smartphonekamera bzw. Ihre Kamera-App die Möglichkeit, die Blende anzupassen, experimentieren Sie damit, um beispielsweise bei Porträts oder Nahaufnahmen Tiefenschärfe zu erzeugen (siehe auch ► Seite 90ff). Dabei gilt: Eine große Blendenöffnung erzeugt geringe Tiefenschärfe, eine kleinen Blendenöffnung erzeugt große Tiefenschärfe.

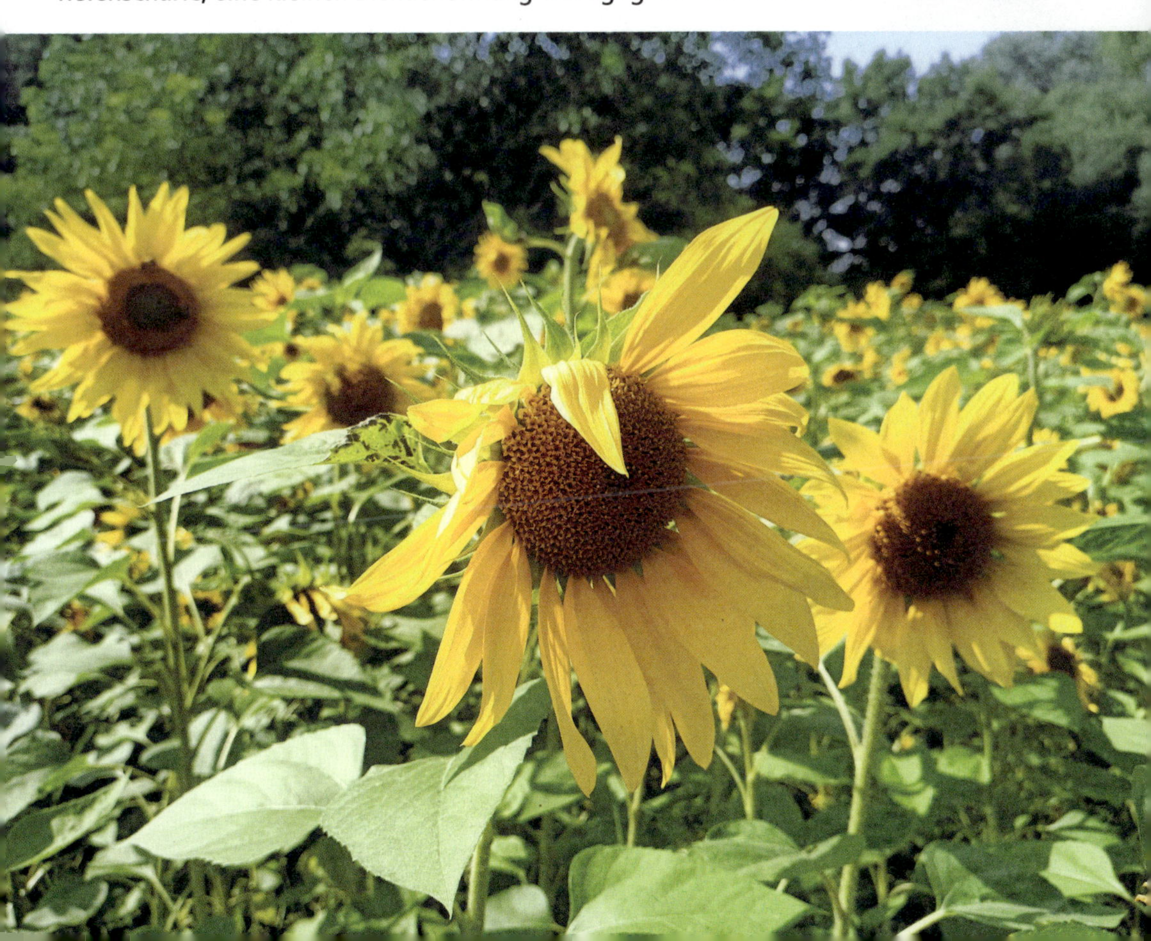

Sonnenblumen mit Bokeh-Effekt

Akzeptieren Sie das Unvollkommene

Ist das Licht mager, setzt man den ISO-Wert (siehe auch ► Seite 40) nach oben (in der Welt der analogen Kameras: man benutzt einen lichtempfindlicheren Film). In den meisten Fällen wird der ISO-Wert etwa 50 betragen, vervierfachen Sie ihn doch einmal auf 200. Dadurch entsteht schnell das bei Fotografen gefürchtete Bildrauschen. In manchen Situationen können Sie aber genau diesen Effekt benutzen, um Atmosphäre zu schaffen. Ein dunstiger Morgen auf dem freien Feld oder im Nebel verschwindende Bäume können dadurch gewinnen und erst so zu kunstvollen Aufnahmen werden. Oder Sie wählen eine lange Belichtungszeit (siehe ► Seite 38ff), um gezielt Unschärfeeffekte zu erzeugen. Das kann beispielsweise bei Vögeln am Himmel oder in der Dämmerung vorbeifahrenden Autos sehr effektvoll wirken.

Die „blaue Stunde" bei Regen auf St. Pauli in Hamburg

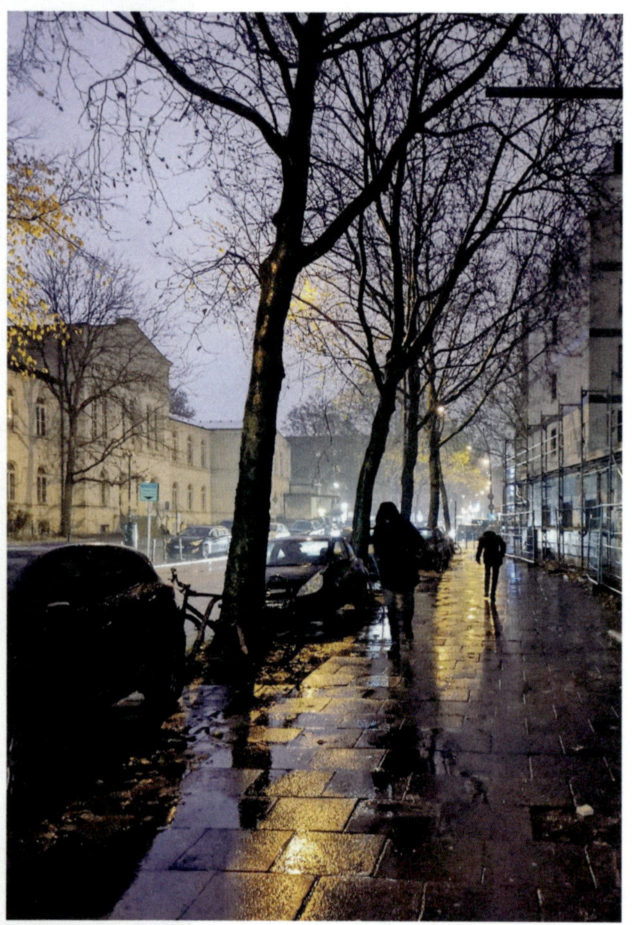

So hat das soziale Netzwerk **Instagram** das Understatement zum Grundprinzip erhoben. Die vermeintliche Kunstlosigkeit – betont künstliche Farben oder körnige Texturen – haben ebenso zum Kultstatus beigetragen wie das quadratische Format. Das sollte man wissen und die Instagram-App ausschließlich für Filter und für die Veröffentlichung verwenden. Denn Fotos werden nur in 600 x 600 Pixeln geschossen, was die Aufnahmen für eine weitere Verarbeitung ungeeignet macht.

Goldene und blaue Stunden

„Mit dem Handy ist man viel flexibler als mit einer Vollkamera", sagt der bekannte Instagrammer Mohamad Alzabadi. „Man hat es sofort zur Hand und muss sich nicht ewig mit den Einstellungen abmühen. Das Resultat kann man sich sofort anschauen und auch direkt auf dem Gerät bearbeiten." Die Qualitätsunterschiede seien inzwischen marginal. „Die Tiefenschärfe einer Vollkamera muss beim Handy per Software erzeugt werden, aber auch hier verwischt die Grenze immer mehr." So trüben Apples iPhones bei Porträts oder Nahaufnahmen automatisch den Hintergrund ein, wenn man ein Objekt manuell fokussiert. Modelle mit Mehrfachkameras haben für Unschärfeeffekte Kameramodi wie Makro oder Porträt.
Was sollte man beachten, um ein gutes Foto zu schießen? „Das Licht spielt eine entscheidende Rolle", erklärt Alzabadi. Die meisten Laien machten den Fehler, ihre Aufnahmen zur falschen Tageszeit zu schießen. „Zur Mittagszeit steht die Sonne sehr ungünstig, besser ist die sogenannte Goldene Stunde am Abend oder etwas später die Blaue Stunde, wenn die Sonne schon fast am Horizont verschwunden ist." Wichtig sei zudem die Perspektive: „Wählen Sie einen originellen Blickwinkel und achten Sie bei Szenen und Landschaften darauf, dass sich das Bild in Vordergrund, Hauptmotiv und Hintergrund gliedert." Ob mit dem Handy oder mit der Kamera: Die digitale Fotografie hat den Vorteil, dass man sehr frei experimentieren kann. Trotzdem solle man sich gut überlegen, was man mit einem Bild zum Ausdruck bringen wolle. „Ein schlechtes Foto zu bearbeiten, ist meist sinnlos. In der Regel wird es dadurch noch schlechter."

Tipps für Porträts

Entscheidend ist hier, wie bei allen anderen Aufnahmen auch, das Licht. Wobei im Falle der Porträtfotografie zu viel Licht beinahe noch nachteiliger ist als zu wenig. Die ungünstigste Zeit für Porträtaufnahmen ist daher die Mittagszeit an einem sonnigen Tag – und war ganz unabhängig davon, wie attraktiv oder unattraktiv Ihr Modell sein mag. Die hochstehende Sonne erzeugt nämlich harte Schatten und lässt Menschen mit hellerem Teint noch blasser aussehen. Lässt es sich gar nicht vermeiden, suchen Sie sich einen Ort, wo die Sonneneinstrahlung nicht ganz so intensiv ist und versuchen Sie, mit Licht und Schatten zu spielen. Am besten ist nicht zu helles Tageslicht bei leicht bedecktem Himmel.

Das Modell sollte möglichst indirekt beleuchtet werden. Vermeiden Sie aber auch Lichteinfall von hinten, da die porträtierte Person sonst unweigerlich unterbelichtet abgebildet wird. Zur Not tippen Sie auf ihr Gesicht und passen die Belichtung über den Regler neben dem Belichtungsbereich an.

Haben Sie den richtigen Fokus und die richtige Belichtung gefunden, halten Sie Ihren Finger etwas länger auf dem Display. Auf diese Weise werden die Einstellungen fixiert. Das Modell kann sich entspannen und Sie können in aller Ruhe auf den richtigen Zeitpunkt für eine Aufnahme warten.

Porträts sollte man am besten mit dem Teleobjektiv fotografieren. Falls vorhanden, verwenden Sie eine Brennweite, die einem 50-mm-Kleinbildobjektiv (also einer normalen Kamera) entspricht. Falls nicht vorhanden, können Sie für diesen Zweck auch ein Aufsteckobjektiv verwenden (siehe „Zubehör", ► Seite 64ff).

Steht zum Fotografieren nur ein Weitwinkelobjektiv (entspricht 28 mm Kleinbild) zur Verfügung, können Sie den Digitalzoom (Spreizgeste mit den Fingern) verwenden, um die durch das Weitwinkel verursachte Verzerrung der Proportionen bei einer Porträtaufnahme zu beseitigen. Suchen Sie sich einen attraktiven Hintergrund aus, der idealerweise etwas mit der porträtierten Person zu tun hat und die Bildaussage unterstreicht.

Selbstporträts

Auch hierbei ist – im wahrsten Sinne des Wortes – wichtig, wie man sich selbst ins rechte Licht rückt. Das Deckenlicht ist dafür ebenso ungeeignet wie die Mittagssonne. In der Regel ist es viel zu hell und kommt im schlimmsten Fall auch noch von hinten. Dabei lässt sich die Beleuchtungssituation mit wenig Aufwand wesentlich verbessern. So kann man mit einem sogenannten Akku-LED-Licht einiges für eine ansprechende Bildschirmpräsenz tun (siehe „Zubehör", ► Seite 64).

Porträt-Modus

Die meisten Android-Modelle haben mittlerweile einen eigenen „Porträt"-Modus. Während der ebenfalls oft zu findende „Beauty"-Modus störende Details wie Falten oder Hautunreinheiten beseitigt (meist stufenweise regelbar, wobei man es nicht übertreiben sollte), bietet der Porträt-Modus einen Schärfetiefeneffekt (siehe „Bokeh-Effekt", ► Seite 32). Das Motiv wird gestochen scharf abgelichtet, der Hintergrund weichgezeichnet. Beim iPhone gibt es diesen Modus seit dem Modell 7. Über den Schieberegler können Sie zusätzlich einen Beleuchtungseffekt auswählen. Tippen Sie bei iPhones ab dem Modell XS auf die Taste „Tiefensteuerung", um die Weichzeichnung des Hintergrunds anzupassen. Mit der Taste für die Anpassung der Beleuchtung können Sie außerdem die Intensität der Studiobeleuchtungseffekte präzise abstimmen.

Tipps für Landschaften

Den Horizont positionieren

Was oft unterschätzt wird, ist die Wirkung der Position des Horizonts. Liegt er ungefähr in der Mitte des Bildes, wird damit meist eine ausgeglichene, ruhige Stimmung erzeugt. Legt man ihn mehr an die untere Bildkante, ist mehr Himmel zu sehen, was je nach Wetterlage mehr Dramatik erzeugt. Möchten Sie dagegen eher die Weitläufigkeit der Landschaft darstellen, legen Sie den Horizont mehr an den oberen Bildrand. Experimentieren Sie mit diesem einfachen Stilmittel, und Sie werden merken, wie dramatisch sich die Wirkung damit verändert.

Den Horizont begradigen

Die schönste Landschaftsaufnahme gerät im wahrsten Sinne des Wortes in eine Schieflage, wenn man das Smartphone beim Auslösen nicht

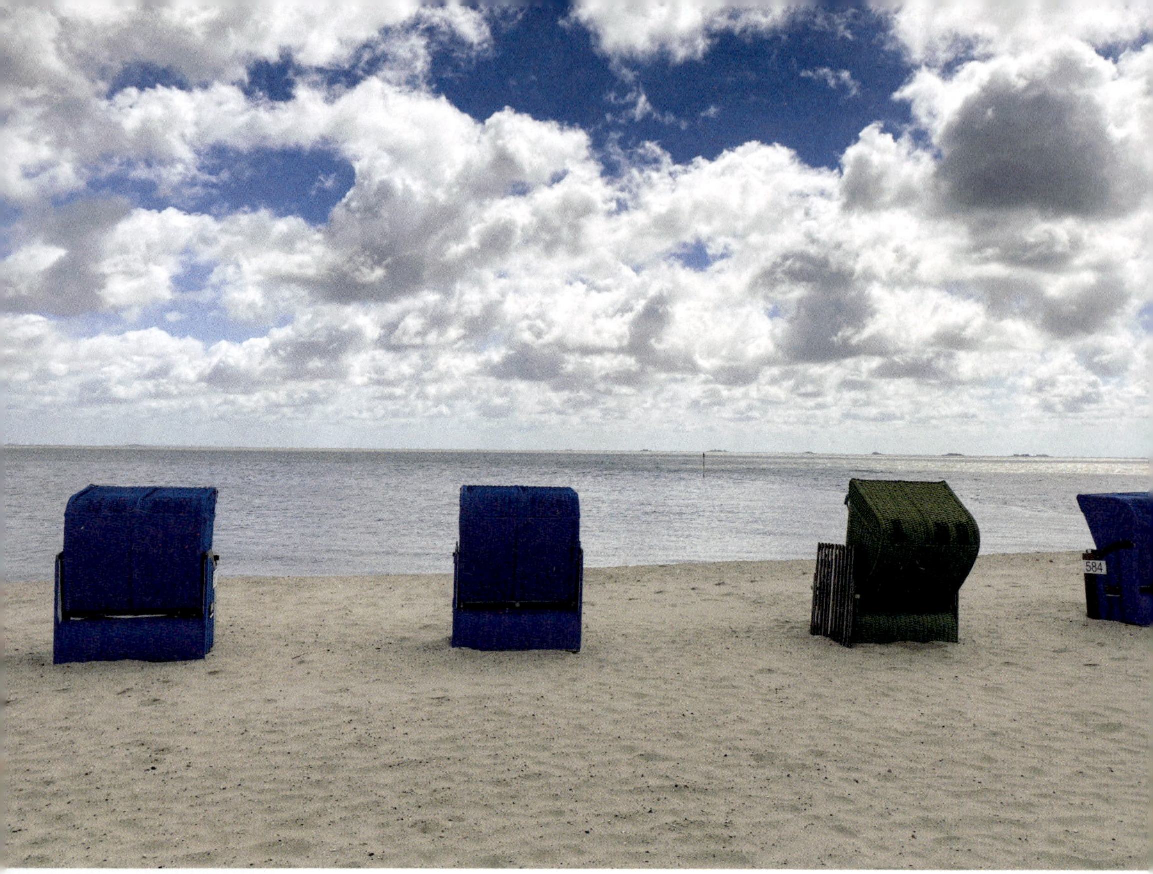

Liegt der Horizont etwa in der Mitte, ist der Gesamteindruck harmonisch und ausgeglichen

gerade hält. Die Erfahrung zeigt allerdings, dass das gar nicht so einfach ist. Benutzen Sie daher die oben erwähnten Linienraster der Foto-App, um das Bild auszurichten. Gute Handystative (siehe „Zubehör", ► Seite 60) haben außerdem eine integrierte Wasserwaage, die beim Ausrichten hilft. Ein schiefer Horizont lässt sich zwar immer in der nachträglichen Bearbeitung begradigen. Doch dabei müssen an den Rändern zwangsläufig Teile des Bildes geopfert werden. Normalerweise ist das nicht so schlimm, es kann aber doch ärgerlich sein, etwa wenn man dadurch einen Kopf beschneiden muss.

Panoramaaufnahmen mit dem Tassentrick

Um Panoramen aufzunehmen, brauchen Sie eine ruhige Hand. Stellen Sie sich nun vor, Sie sitzen auf der Terrasse eines Gasthofs vor einem wunderbaren Bergpanorama oder im Strandcafé. Platzieren Sie nun einfach eine leere Tasse oder ein Glas vor sich auf den Tisch und stellen Sie Ihr Smartphone hochkant hinein. Nun können Sie durch gleichmäßiges Drehen des Trinkgefäßes eine Panoramaaufnahme machen, ohne von der – durch die Kamera vorgegebene – Horizontlinie abzuweichen.

Spiegelungen benutzen

In der Natur, aber beispielsweise auch in einer verregneten Stadt, gibt es für gewöhnlich zahlreiche Spiegelungen – in Gewässern, Wasserlacken oder Schaufenstern. Damit lassen sich allerhand interessante Effekte erzielen. Zudem gewinnt man so innerhalb einer Aufnahme viel Raum.

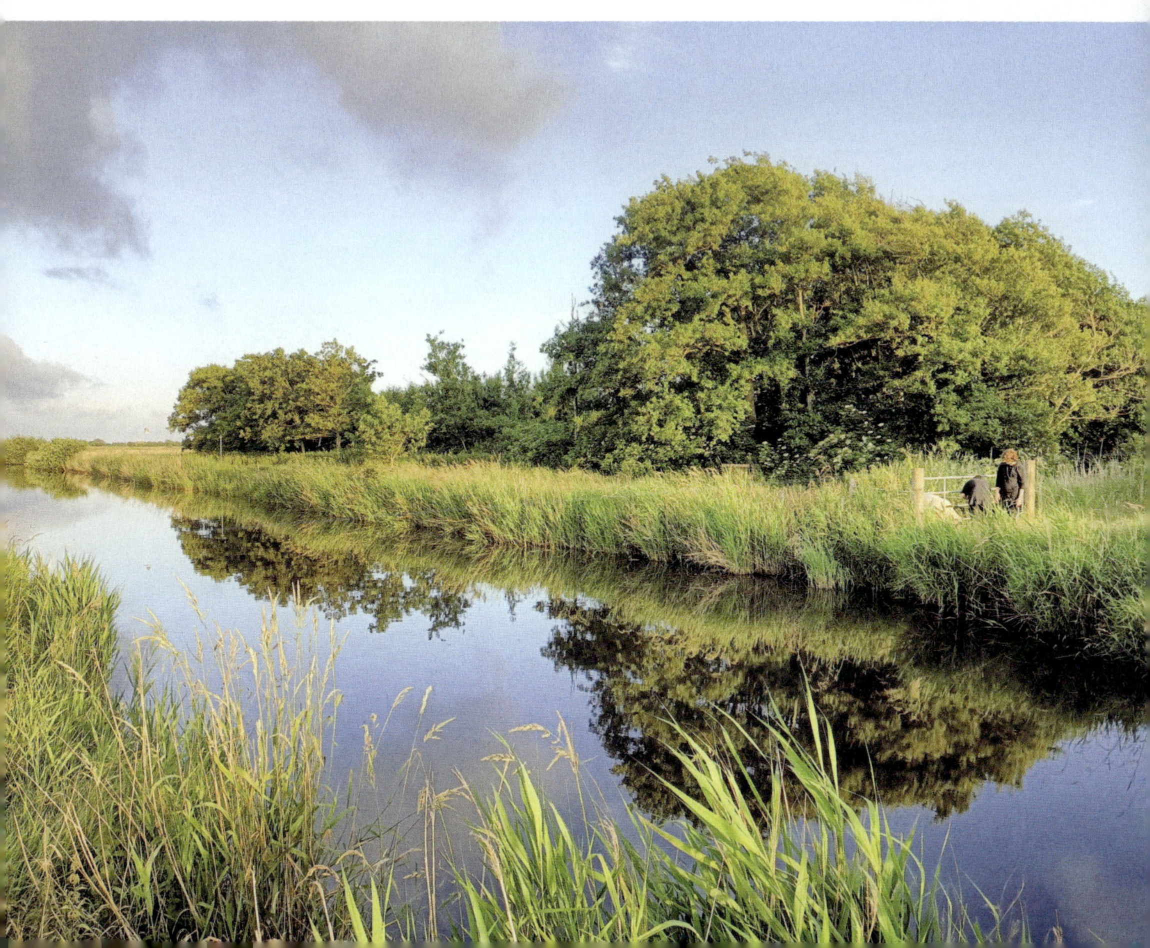

Spiegelung in ruhigem Wasser

Schwierige Lichtverhältnisse

Aufgrund der geringen Bautiefe von Smartphones und der kleinen darin verbauten Sensoren (siehe ► Seite 34, 59) ist es oft ein Problem, ausreichend Licht einzufangen. Höhere ISO-Werte und längere Belichtungszeiten erhöhen die Gefahr von Verwackeln und Bildrauschen. Besonders am Abend, an trüben Tagen oder in Innenräumen ist es nicht leicht, eine gute Aufnahme hinzubekommen. Auch Objekte, die ungünstig beleuchtet und ganz oder teilweise verschattet sind, liefern allzu oft enttäuschende Ergebnisse. Erschwerend kommt hinzu, dass die geringe Sensorgröße auch zu einem niedrigen Dynamikumfang führt. Dadurch wird es nicht ganz leicht, helle und dunkle Gegenstände in einem Bild gleichzeitig abzubilden. Das führt dazu, dass Smartphone-Kameras mit kontrastreichen Motiven schnell überfordert sind.

Der in fast allen Geräten eingebaute LED-Blitz ist meist keine gute Lösung, da er nur einen kleinen Bereich der Aufnahme beleuchtet und diesen in der Regel auch noch viel zu stark. In ganz bestimmten Aufnahmesituationen kann er allerdings doch hilfreich sein. Das gilt etwa für Personen und Objekte, die vor einem sehr hellen Hintergrund wie einem

Schlechtes Wetter sorgt für dramatisches Licht

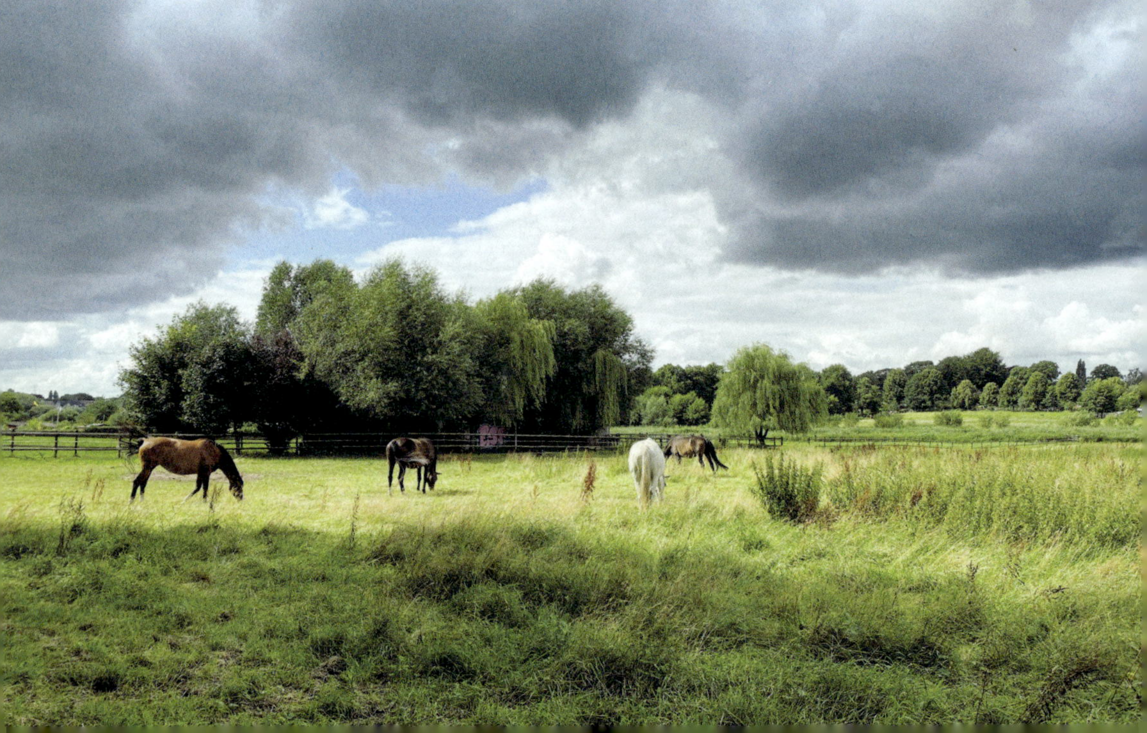

sonnigen Himmel oder einem Fenster stehen. Die erscheinen in der Aufnahme dann oft nur als Schattenriss. Den Blitz einzuschalten kann hier helfen, die starken Kontraste auszugleichen.

So gelingen Schlechtwetter-Fotos

Halten Sie in der Umgebung nach Lichtquellen wie Lampen oder Laternen Ausschau. Vielleicht finden Sie eine Position, aus der Ihr Motiv von diesen sekundären Lichtquellen etwas besser beleuchtet wird. Bei Objekten können Sie versuchen, eine helle Fläche wie etwa ein weißes Blatt Papier oder T-Shirt in der Nähe des Motivs zu positionieren. Das davon reflektierte Licht kann helfen, die Aufnahme aufzuhellen. Schließlich gibt es noch die Möglichkeit, eine künstliche Beleuchtung wie eine LED-Lampe zu benutzen (siehe „Zubehör", ► Seite 64).

Belichtungszeit erhöhen. Sind all diese Möglichkeiten ausgeschöpft, geht es an die richtigen Einstellungen. Dazu braucht man zunächst einmal eine App, die diese auch ermöglicht. Bei zu dunklen Objekten kann man damit die Belichtungszeit erhöhen. In der Android-App **Camera FV-5** geht das beispielsweise über „Belichtungskorrektur". Wählen Sie hier den Wert +1, um die Belichtungszeit zu verdoppeln. Gehen Sie mit der Belichtungszeit nicht zu hoch und denken Sie daran, dass Sie mit dieser Maßnahme gleichzeitig den Hintergrund heller machen. Auch hier schadet es nicht, wenn Sie mehrere Aufnahmen machen und später die beste auswählen.

Bei **ProCamera** für iOS haben Sie mehrere Möglichkeiten, die Belichtungszeit zu regulieren. Bei hochkant gehaltenem Gerät befinden sich die Steuerungsbuttons für Belichtungszeit, Belichtungskorrektur (EV) und Empfindlichkeit (ISO) oben im Bildsucher. Durch einfaches Tippen darauf blenden Sie die Anpassungsskalen ein oder aus. Im Bild selbst gibt es einen gelben Ring zum Setzen des Belichtungspunkts und ein blaues Quadrat zum Setzen des Schärfepunkts.

Durch einfaches Tippen auf eine beliebige Stelle im Bildsucher erscheint eine Kombination aus beiden Symbolen. Beim spontanen Fotografieren stellen Sie damit sicher, dass beide Werte ideal aufeinander abgestimmt sind.

Sie können beide Steuerungselemente aber auch voneinander trennen, indem Sie eines vom anderen wegziehen. In dem Bereich des Bildschirms, in den Sie den Kreis ziehen, wird die Belichtung gemessen und optimal eingestellt, mit dem Quadrat bestimmen Sie den Punkt des Bildes, der scharfgestellt werden soll.

Möchten Sie nun beispielsweise sicherstellen, dass das Bild nicht unterbelichtet wird, führen Sie den gelben Ring an eine dunkle Stelle des Bildes.

Fokus und Belichtung lassen sich trennen

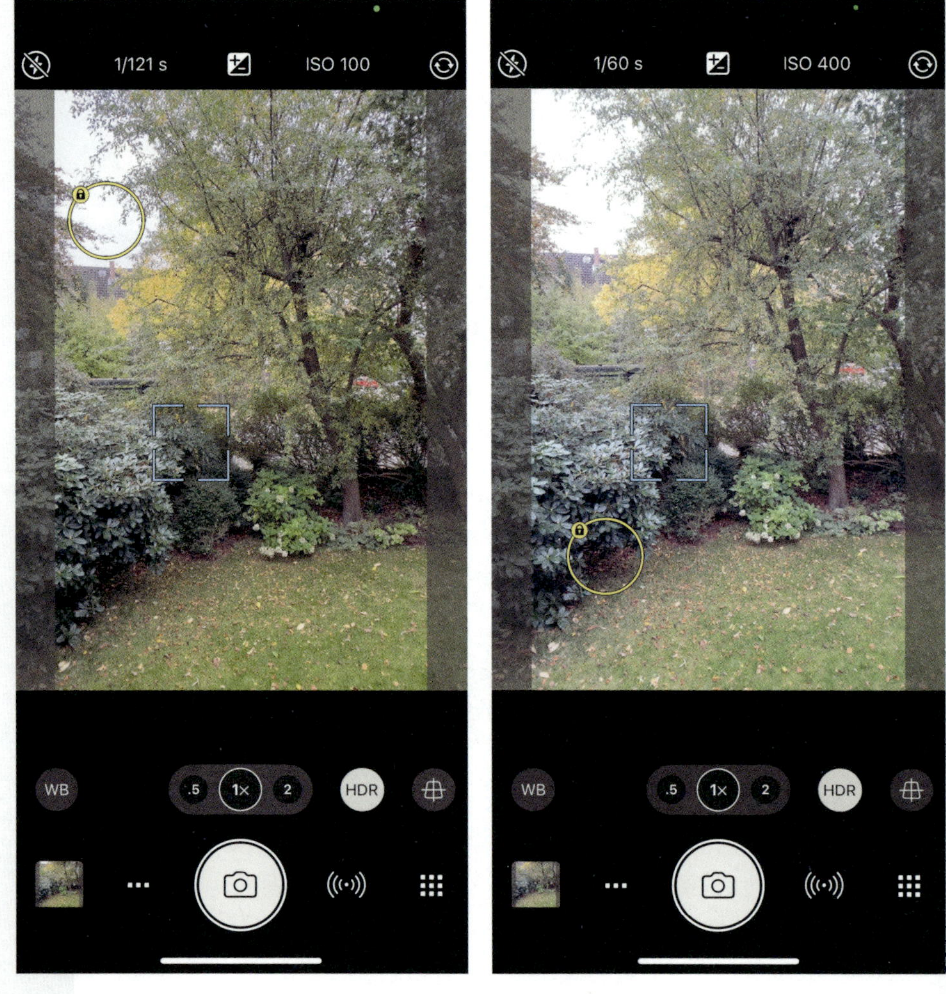

Möchten Sie beide Punkte in der Mitte wieder zusammenführen, tippen und halten Sie den Finger an einer beliebigen Stelle im Sucher außerhalb der beiden Einstellpunkte.

In den Einstellungen unter „Fokus und Belichtung“ können Sie das Verhalten der Werkzeuge für Fokus und Belichtung individuell anpassen. So können Sie beispielsweise die Belichtungspriorität anpassen und damit festlegen, ob Sie der Belichtung Vorrang über die Schärfe geben wollen oder umgekehrt.

Ruhig halten. Die Gefahr des Verwackelns wächst allerdings proportional mit der Belichtungszeit, weshalb Sie sich eine Stabilisierungsmöglichkeit suchen sollten. So können Sie beispielsweise Ihren Ellbogen auf dem Tisch aufstützen. Halten Sie das Smartphone außerdem mit beiden Händen fest, die Ellbogen sollten am Körper anliegen. Kurz vor dem Auslösen sollten Sie außerdem halb ausatmen, auf keinen Fall also einatmen und dann die Luft anhalten, wie viele Menschen das instinktiv machen, denn das führt zu Verspannung und damit zu Verwacklern. Verzichten Sie nach Möglichkeit auf den Zoom, denn damit würde die Wahrscheinlichkeit des Misslingens noch einmal deutlich erhöht.

Fokus setzen. Setzen Sie den Fokus nun auf das Hauptmotiv, indem Sie mit dem Finger darauf tippen. Bei besseren Foto-Apps erscheint neben dem Fokusrahmen ein Sonnensymbol oder eine Glühbirne, manchmal ist es auch eine Plus/Minus-Skala). Fahren Sie mit dem Finger auf dem Display etwas nach oben, um die Aufnahme gegebenenfalls weiter aufzuhellen (siehe „Fokus“, ► Seite 96f).

Selektive Aufhellung. Am Ende bleibt immer die Möglichkeit, Ihre Aufnahmen nachträglich zu bearbeiten. So können Sie mit der für Android wie iOS erhältlichen, kostenlosen App **Snapseed** (siehe „Apps“, ► Seite 117) eine Anpassung durch eine „selektive Aufhellung“ vornehmen, indem Sie auf den aufzuhellenden Bildbestandteil tippen.

Gegenlichtaufnahmen

Zu den reizvollsten Motiven gehören gegen das Sonnenlicht fotografierte Landschaften und Objekte – und nichts misslingt so leicht. Suchen Sie sich eine Position, in der die Sonne von einem Objekt – etwa ein Gebäude

Stimmungsvolles herbstliches Gegenlicht

oder ein Baum – leicht verdeckt wird, oder nehmen Sie es leicht von der Seite ins Visier. Auch hier spricht nichts dagegen, eine ganze Reihe von Aufnahmen zu machen, die beste davon auszuwählen und mit etwas Bildbearbeitung zu optimieren – beispielsweise, indem man sie etwas abdunkelt und Lichtflecken entfernt (siehe „Bildbearbeitung, ► Seite 115f).

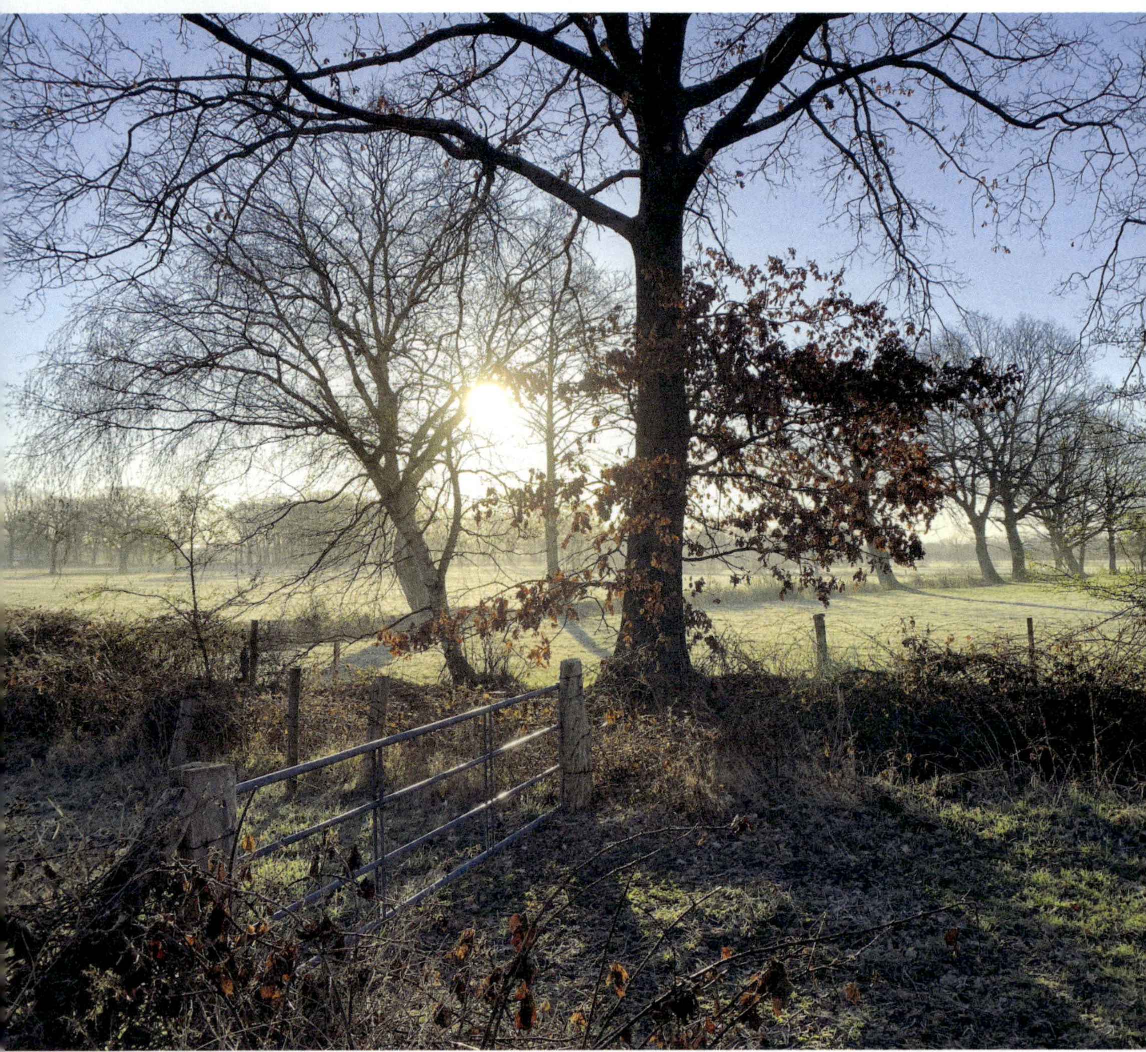

Starke Kontraste ausgleichen

Eine typische Aufnahmesituation, in der stark und schwach beleuchtete Bildbestandteile zu einem Problem werden können, sind Aufnahmen gegen das Licht. Zum Beispiel, wenn Sie einen Sonnenaufgang oder Sonnenuntergang fotografieren wollen.

Fokus verändern. Wählen Sie mit der Kamera den gewünschten Bildausschnitt und tippen Sie auf unterschiedliche Bildebenen. Damit wird automatisch auch der Punkt für die Belichtungsmessung verschoben, sodass sich diese Maßnahme auf die gesamte Belichtung Ihrer Aufnahme auswirkt. Passen Sie die Helligkeit bei Bedarf an, um die richtige Balance zwischen den Bildteilen zu finden. In der Vorschau können Sie relativ zuverlässig beobachten, wie sich das auf Ihre Aufnahme auswirken wird. Machen Sie gegebenenfalls mehrere Fotos mit unterschiedlichem Fokus, um später das am besten gelungene auszuwählen.

HDR-Modus benutzen. In bestimmten Fällen, wenn die Kontrastunterschiede zwischen den Bildebenen nicht allzu extrem sind, hilft auch der HDR-Modus weiter (siehe „HDR", ► Seite 44f). Damit lassen sich über- und unterbelichtete Bereiche etwas angleichen. Ist das zu unpräzise, hilft die Belichtungskorrektur in den Kamera-Einstellungen dabei, die gewünschte Balance bei der Helligkeit zu finden.

Weißabgleich. Experimentieren Sie auch mit den Möglichkeiten des automatischen Weißabgleichs (siehe „Weißabgleich", ► Seite 43f). Setzen Sie ihn beispielsweise trotz des dunklen Vordergrunds bei einer Gegenlichtaufnahme auf die Einstellung „Tageslicht". Dadurch wird der zu stark belichtete Himmel bei einer Gegenlichtaufnahme etwas abgemildert.

Filter einsetzen. Extreme Lichtverhältnisse führen häufig dazu, dass die Farben auf der Aufnahme unnatürlich wirken. Wirken Sie dem mit dem Einsatz von Filtern während oder nach der Aufnahme entgegen. Mittlerweile gibt es eine Unmenge von Apps, die sehr unterschiedliche Filter mitbringen. Im Abschnitt „Apps" haben wir einige davon zusammengestellt (siehe „Apps", ► Seite 115ff). Letztlich hilft aber nur, es selbst auszuprobieren, mit Filtern zu experimentieren und auf diese Weise herauszufinden, mit welchen davon man die gewünschten Ergebnisse erzielt.

Das Unperfekte zulassen. Fotografieren ist eine künstlerische Ausdrucksform. Das heißt, es gibt letztlich kein Richtig oder Falsch. Oft sind es gerade die nicht perfekt belichteten Aufnahmen mit ungewöhnlichen Farbeffekten, Spiegelungen und Schatten, die besonders reizvoll sind.

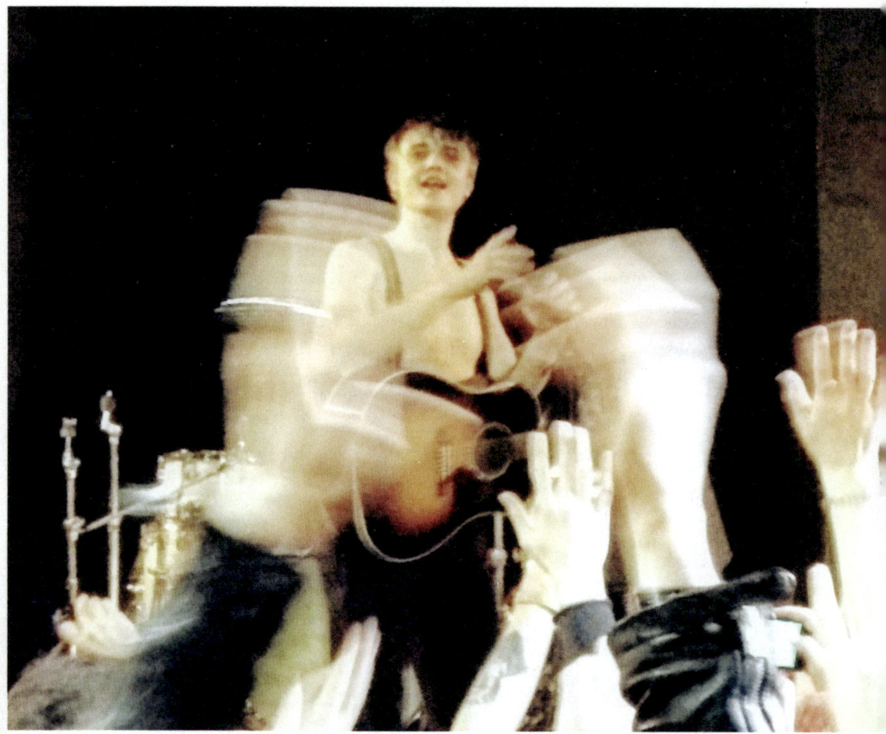

Körnig, verwischt – und gerade deshalb authentisch. Das Foto wurde auf einem Konzert des britischen Musikers Peter Doherty gemacht

Tipps für Nachtaufnahmen

Da wir bereits von der Lichtproblematik gesprochen haben, ist leicht ersichtlich, dass sich die damit verbundenen Handicaps bei Aufnahmen ganz ohne Tageslicht potenzieren. Die maximale Belichtungszeit lässt sich auch nicht endlos ausdehnen, zumal sie bei vielen Smartphones begrenzt ist. Hier bieten sich Handymodelle mit speziellem Nachtmodus oder einer

Funktion für Langzeitbelichtungen an. Damit lässt sich die Verschlusszeit auf mehrere Sekunden erhöhen. Dann sollte man seine Hände allerdings unbedingt irgendwo aufstützen oder noch besser ein Stativ benutzen, da die Aufnahme sonst unweigerlich verwackelt. Mit langen Belichtungszeiten können Sie außerdem spannende Effekte wie die in Lichtstreifen verwandelte Beleuchtung vorbeifahrender Fahrzeuge erzielen.

Den Blitz sollten Sie dagegen bei starker Dunkelheit immer ausgeschaltet lassen. Weggeblitzt wird damit nämlich nicht nur die Dunkelheit, sondern auch jede Atmosphäre, und die meisten Menschen wollen auf Fotos nicht unbedingt aussehen wie Protagonisten aus „The Walking Dead". Auch in der dunkelsten Umgebung finden sich in der Regel Lichtquellen wie Straßenlaternen oder beleuchtete Schaufenster. Suchen Sie eine Position, die diese gut zur Geltung bringt. Um Bildrauschen zu verhindern, stellen Sie den ISO-Wert dagegen möglichst niedrig ein. Den kann man in guten Foto-Apps anpassen.

Der Nachtmodus der iPhone 11-, 12- und 13-Modelle sorgt in dunklen Umgebungen automatisch für helle, detailreiche Fotos. Sobald die Taste „Nachtmodus" gelb angezeigt wird, ist der Nachtmodus aktiv. Tippen Sie auf die Auslösertaste und halten Sie Ihr iPhone ruhig, um ein Foto aufzunehmen. Um mit dem Nachtmodus zu experimentieren, tippen Sie auf die Taste „Nachtmodus" oben auf dem Bildschirm und bewegen den Regler unter dem Bild, um die Belichtungszeit anzupassen. Auf dem iPhone 12 Pro, iPhone 12 Pro Max, iPhone 13 Pro und iPhone 13 Pro Max wird der Nachtmodus auch dann aktiviert, wenn Sie bei schlechten Lichtverhältnissen ein Foto im Modus „Porträt" mit dem Weitwinkelobjektiv (1x) aufnehmen. Mehr zum Thema Nachtmodus mit iPhone und Samsung Galaxy siehe ► Seite 97ff, 103.

Bewegte Objekte

Aufgrund der langen Belichtungszeiten, mit denen die schwache Lichtaufnahme von Smartphonesensoren ausgeglichen werden muss, lassen sich auch schnell bewegte Szenen nur schwer einfangen. Sie lassen Autos, Sportler, oder was auch immer an Ihnen vorbeiflitzt, bis zur Unkenntlichkeit verwischen. Kürzere Belichtungszeiten führen wiederum dazu, dass die Sensoren nicht genügend Licht bekommen. Das Dilemma lässt sich lösen, indem Sie die ISO-Empfindlichkeit nach oben setzen. Damit steigt allerdings auch die Gefahr, dass Bildrauschen entsteht. Um das richtige Maß zu finden, sind Fingerspitzengefühl und Erfahrung notwendig.

Ein weiterer Kniff ist, dem sich bewegenden Objekt mit dem Smartphone zu folgen und genau im richtigen Moment auf den Auslöser zu drücken. Das Timing bedarf der Übung, ebenso wie die schnelle und zugleich kontinuierliche Bewegung bei der Verfolgung des Objekts. Doch die Mühe lohnt sich, denn der Kontrast zwischen einem scharfen Hauptmotiv und einem unscharfen Hintergrund macht schon einiges her. Stellen Sie sich doch an den Rand einer Straße und versuchen Sie Ihr Glück!

Nahaufnahmen und Makros

Die Schönheit der Welt liegt nicht allein in weitläufigen Landschaften (siehe ► Seite 79ff) und Panoramen (siehe ► Seite 80f, 94), sondern insbesondere auch im Detail. Um diese Schönheit in den kleinen Dingen einzufangen, sind Makroaufnahmen das richtige Genre. Für Handykameras ist das eine Paradedisziplin, in der sie sich ausgesprochen gut schlagen. Beim Fotografieren sollten Sie darauf achten, den Fokus sehr genau zu setzen. Denn da der Fokuspunkt bei Makros sehr nah am Objektiv ist, fällt auch die Tiefenschärfe entsprechend gering aus.

Die kleinen Sensoren und die niedrigen Brennweiten bei Smartphones führen dazu, dass meist alle Bildbereiche gleichmäßig scharf sind. Bei Porträts, Nahaufnahmen und Makro-Fotos möchte man dagegen in der Regel erreichen, dass der Hintergrund unscharf oder abgedunkelt ist, damit das Motiv im Vordergrund umso mehr heraussticht. Um diesen Effekt (siehe auch Bokeh-Effekt, ► Seite 32) zu erzielen, bedienen sich die Hersteller diverser Software- und Hardware-Tricks, mit denen die Kamerasysteme automatisch Vorder- und Hintergrund unterscheiden können (siehe „Die technischen Grundlagen", ► Seite 9ff).

Der „Porträt-Modus" ist bei Modellen zu finden, die mindestens zwei Kameraeinheiten bzw. eine Doppellinse besitzen. Das Weitwinkelobjektiv ist hierbei für eine Aufnahme mit geringerer Schärfentiefe zuständig. Aktivieren Sie in der Foto-App den Porträt-Modus – unabhängig davon, ob das zu fotografierende Objekt tatsächlich eine Person ist. Tippen Sie dann auf das Objekt im Vordergrund, um den Fokus darauf zu setzen.

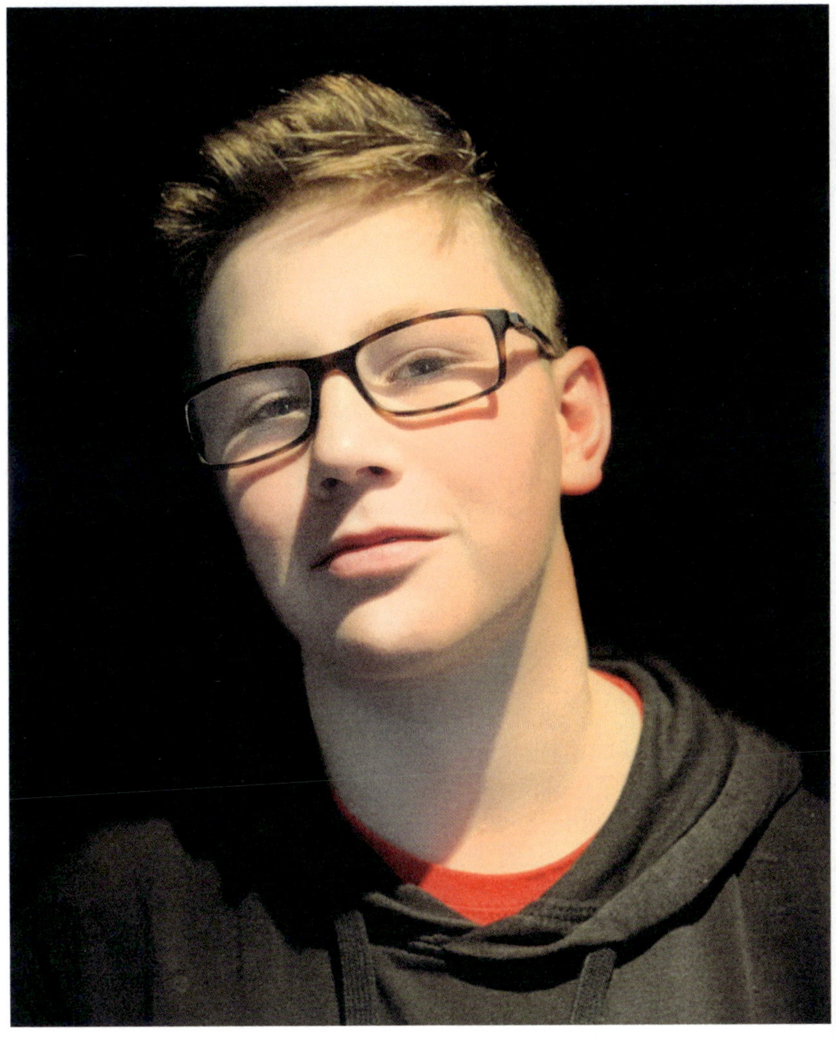

Auflösung und Bildqualität

Wählen Sie, wenn möglich, immer die höchste Bildqualität. Dann können Sie Ihre Fotos nämlich ausdrucken und haben den meisten Spielraum bei einer späteren Bearbeitung. Laden Sie also lieber ab und zu über ein lokales Netzwerk Ihre Bilder herunter, als sich hinterher über die schwache Qualität zu ärgern. Sie haben im Wesentlichen zwei Möglichkeiten, die Qualität anzupassen:

- **Über das Dateiformat.** Jedes Dateiformat bringt – mit Ausnahme des Sonderfalls RAW – eine bestimmte Komprimierungsrate mit sich. Lesen Sie dazu die Ausführungen im Abschnitt „Dateiformate" auf ► Seite 25ff.
- **Über die Stärke der Komprimierung.** In der höchsten Qualitätseinstellung wird nahezu ohne Verlust von Bildinformationen komprimiert, dafür sind die Bilddateien auch am größten.

Beides können Sie nicht in jeder App einstellen. Die von den Herstellern vorinstallierten Foto-Apps benutzen in der Regel feste Einstellungen, die auf die jeweilige Hardware optimiert sind. Falls Sie hier mehr Flexibilität wollen, laden Sie sich eine App wie ProCamera (erhältlich für iOS und Android, siehe ► Seite 108f) herunter.

In ProCamera gehen Sie zunächst über den Menü-Button (ein aus neun Punkten bestehendes Quadrat) in der rechten unteren Ecke zu den Einstellungen (Zahnrad-Symbol unten links) und tippen dort auf „Dateiformat". Wählen Sie zwischen den Formaten JPEG, HEIF und TIFF (beste Qualität). Außerdem können Sie noch zwischen dem RAW-Format und der gleichzeitigen Speicherung der RAW-Bilddaten mit der JPEG-Datei wählen. Das ist sinnvoll, da RAW-Dateien nicht für die direkte Anzeige gedacht sind und vorher bearbeitet werden müssen. In diesem Fall haben Sie mit der JPEG-Datei noch ein herkömmliches Bildformat zur Hand.

Tippen Sie nach Ihrer Auswahl auf „Erweiterte Einstellungen". Für JPEG und HEIF können Sie nun den Qualitätsgrad einstellen. Dabei gilt: Je größer die Qualität, desto geringer die Komprimierung und desto größer die gespeicherte Datei.

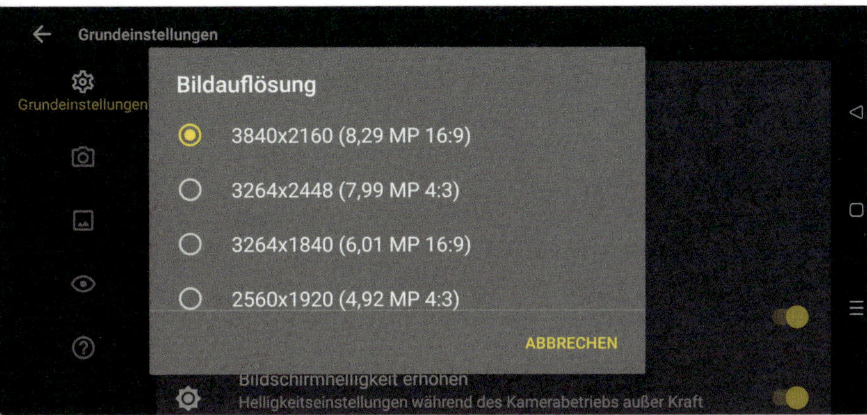

Die Änderung der Auflösung bringt auch ein bestimmtes Bildformat mit sich. Einstellungen in der App Camera FV-5 (Android)

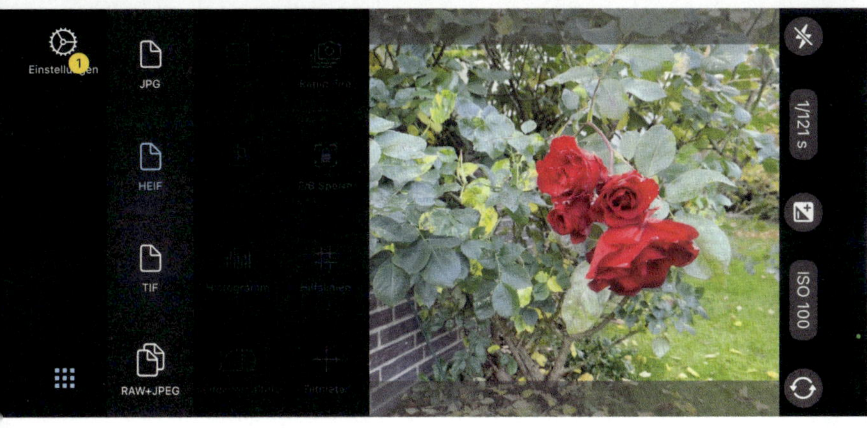

In ProCamera (iOS) kann das Dateiformat unmittelbar vor jeder Aufnahme ausgewählt werden

Praxis-Tipps für das iPhone

Weniger ist mehr ist das Prinzip von Apple – womit wohlgemerkt nur die Megapixel gemeint sein. Drei Sensoren mit jeweils 12 MP bietet (wie schon der Vorgänger) das iPhone 12 Pro Max:

- ein Weitwinkel mit f/1.6-Blende und 26-Millimeter-Objektiv
- ein Ultra-Weitwinkel (f/2.4) und
- ein Teleobjektiv mit (f/2.2)

Kameramodi

Die Kamera lässt sich auch im Sperrbildschirm aufrufen, indem man von rechts nach links über das Display streicht. Auch der Sprachbefehl an die digitale Assistentin Siri „Öffne Kamera" setzt die Fotofunktion in Gang. Natürlich kann man auch auf dem Home-Bildschirm auf das Symbol der App „Kamera" tippen. Zum Schutz der Privatsphäre wird als Information für den Nutzer oben rechts ein grüner Punkt angezeigt, wenn die Kamera verwendet wird.

Nach dem Öffnen der Kamera ist „Foto" der Standardmodus. Durch Streichen nach links oder rechts lassen sich folgende Kameramodi auswählen:

- **Video.** Zum Aufnehmen eines Videos
- **Zeitraffer.** Zum Aufnehmen von Zeitraffervideos
- **Slo-Mo.** Zum Aufnehmen von Videos mit Zeitlupeneffekt
- **Pano.** Zum Aufnehmen von Panoramen
- **Porträt.** Zum Hinzufügen von Schärfentiefeeffekten
- **Quadrat.** In diesem Modus wird der Bildausschnitt der Kamera auf ein Quadrat beschränkt.

Über „Kamerasteuerung" können Sie außerdem zwischen den Seitenverhältnissen „Quadrat", 4:3 und 16:9 wechseln.

Auf iPhone-Modellen mit Dual- und Triple-Kamerasystemen können Sie per Spreizgeste (also Auseinander- oder Zusammenziehen der Finger auf dem Display) zwischen „1x", „2x", „2,5x" und „0,5x" umschalten. Präziser zoomen können Sie, wenn Sie den Finger auf die Zoomsteuerungen legen und den Regler nach links oder rechts bewegen.

Aufnehmen von Live-Fotos

Eine Besonderheit neuerer iPhone-Modelle sind die sogenannten „Live-Fotos". Dabei werden zusätzlich zum eigentlichen Foto Sekunden vor und nach der Aufnahme in Bild und Ton festgehalten. Live-Fotos werden genauso aufgenommen wie normale Fotos, sofern die Option „Live-Foto"

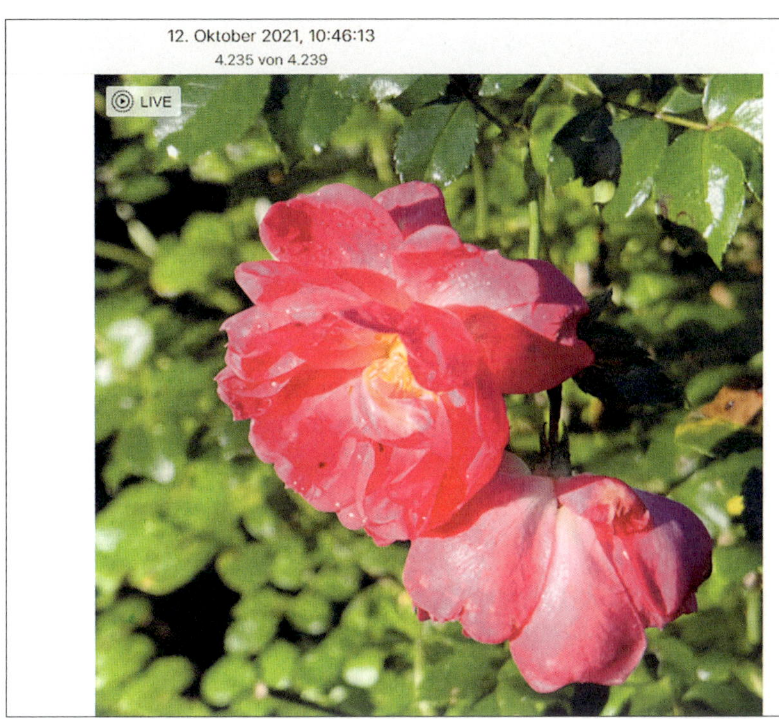

Live-Fotos werden in der iCloud als bewegte Aufnahme gespeichert. Laden Sie sie auf die Festplatte herunter, werden sie dort als komprimierte ZIP-Datei abgelegt. Nach dem Öffnen mit einem Doppelklick sehen Sie das bearbeitbare Foto und eine Videodatei im MOV-Format

Name	Typ	Komprimierte Größe	Kennwortg...	Größe	Verhältnis	Änderungsdatum
IMG_2376	Affinity Photo File	700 KB	Nein	700 KB	0%	17.10.2021 10:30
IMG_2376	MOV-Datei	1.677 KB	Nein	1.677 KB	0%	17.10.2021 10:30

aktiviert ist. Tippen Sie auf die Vorschau des Fotos unten auf dem Bildschirm und legen Sie anschließend einen Finger auf das Display, um ein Live-Foto wiederzugeben.

Neben dem netten Bewegungseffekt bietet diese Funktion den Vorteil, dass man bei der nachträglichen Bearbeitung exakt den Moment bestimmen kann, den das Foto zeigen soll. Nehmen Sie beispielsweise den ansonsten ärgerlichen Fall, dass eine fotografierte Person im Moment des Fotos die Augen schließt. Dann können Sie einfach einen Moment unmittelbar vor oder nach der Aufnahme auswählen.

Fokus und Belichtung

Vor der Aufnahme eines Fotos stellt die Kamera des iPhones den Fokus und die Belichtung automatisch ein. Gleichzeitig sorgt die Funktion Gesichtserkennung für eine ausgewogene Belichtung aller Gesichter. Um den Fokus und die Belichtung manuell anzupassen

- tippen Sie auf den Bildschirm, um den Fokusbereich und die Belichtungseinstellung einzublenden, die automatisch verwendet werden würden;
- tippen Sie auf die Stelle, an die der Fokus verlagert werden soll;
- ziehen Sie die Taste „Belichtung anpassen" neben dem Fokusbereich nach oben oder nach unten, um die Belichtung anzupassen.
- Um die manuellen Fokus- und Belichtungseinstellungen für nächste Aufnahmen zu sperren, legen Sie den Finger auf den Fokusbereich, bis die Anzeige „AE/AF-Sperre" erscheint. Tippen Sie auf den Bildschirm, um die Einstellungen zu entsperren.

Tipp. Auf dem iPhone 11 und neueren Modellen können Sie die Belichtung für Aufnahmen präzise einstellen und für zukünftige Fotos beibehalten. Tippen Sie auf die Taste für die Kamerasteuerung, danach auf die

AE/AF-Sperre beim iPhone

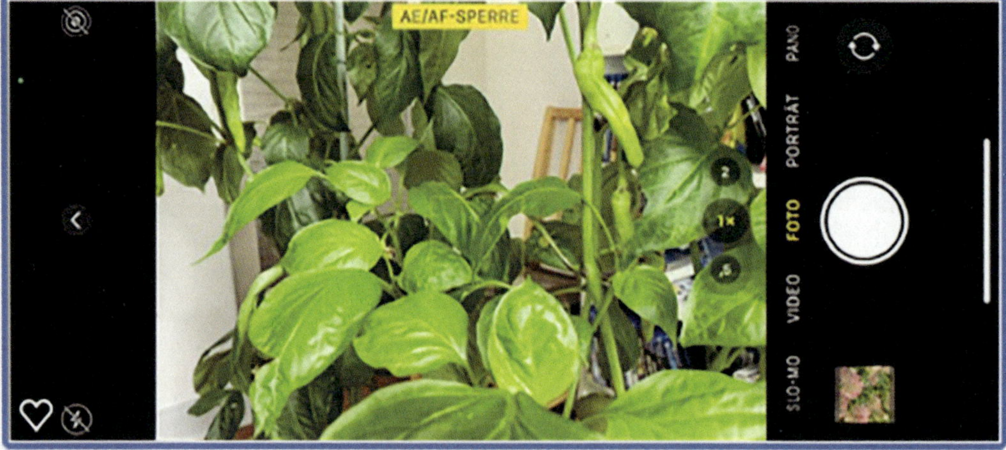

Grundlegendes zur iPhone-Kamera-App

In der oberen Menüleiste im Modus Foto finden Sie je nach Aufnahmesituation unterschiedliche Symbole. Es sind von links nach rechts:

- Blitz (wird immer angezeigt). Sie können den Blitz hier aktivieren und deaktivieren. Nach allem vorher Gesagten wissen Sie nun: In den allermeisten Fällen sollten Sie ihn lieber deaktivieren.
- Nachtmodus (erscheint bei schwachem Umgebungslicht). Der Nachtmodus soll dafür sorgen, dass auch bei geringer Beleuchtung gelungene Aufnahmen entstehen. Tippen Sie auf das Symbol, wird über dem Auslöser eine Skala angezeigt, mit der Sie den Nachtmodus an- oder ausschalten oder auf „Auto" setzen können. Bewegen Sie den Finger von rechts nach links, wird er aktiviert und neben dem Symbol in der oberen Menüleiste, das nun gelb gefärbt ist, erscheint eine Zahl die angibt, wie lange die Aufnahme dauern wird.
- Der Pfeil in der Mitte der oberen Menüleiste aktiviert oder deaktiviert im Modus „Foto" und „Porträt" die Kamerasteuerung über dem Auslöser, über die Sie einige weitere Einstellungen wie die Aktivierung des Timers für den Selbstauslöser vornehmen können.
- Auf der rechten Seite befindet sich die Funktion „Fotografische Stile" (► Seite 56ff).
- Ganz rechts das Icon für „Live-Fotos". Ist diese Funktion aktiviert, nimmt das iPhone statt einer statischen Aufnahme einen Miniaturclip auf (siehe ► Seite 95, 111). Das hat den Vorteil, dass Sie etwa bei einer nachträglichen Bearbeitung exakt den Moment der Aufnahme bestimmen können – zum Beispiel, wenn jemand kurz die Augen geschlossen hatte.
- Erkennt die Kamera-App Text innerhalb des gewählten Bildausschnitts, erscheint unten rechts in der Ecke ein Textsymbol. Tippen Sie darauf, können Sie den erkannten Text online nachschlagen, kopieren, teilen oder übersetzen.

Taste für die Belichtung und bewegen Sie den Schieberegler, um die Belichtung anzupassen. Die Belichtungseinstellung wird beibehalten, bis die „Kamera"-App das nächste Mal geöffnet wird. Um die Belichtungseinstellung zu sichern, damit sie beim nächsten Öffnen der App „Kamera" nicht zurückgesetzt wird, wählen Sie „Einstellungen" > „Kamera" > „Einstellungen beibehalten" und aktivieren „Belichtungsanpassung".

Raster zum Begradigen einer Aufnahme

Es ist nicht ganz leicht, das Smartphone so auszurichten, dass horizontale Elemente in der Aufnahme wirklich gerade sind. Sie können es sich leichter machen, indem Sie unter „Einstellungen" und „Kamera" die Option „Raster" aktivieren. Dann wird im Kamerabildschirm ein Liniengitter angezeigt, das Ihnen beim Begradigen des Fotos und Auswählen des Bildausschnitts hilft. Alternativ können Sie nach der Aufnahme die Bearbeitungswerkzeuge in der App „Fotos" verwenden, um Aufnahmen auszurichten und die horizontale und vertikale Perspektive anzupassen. Ist das Bild aber zu schief aufgenommen, können dabei durch das Beschneiden größere Teile der Aufnahme verloren gehen.

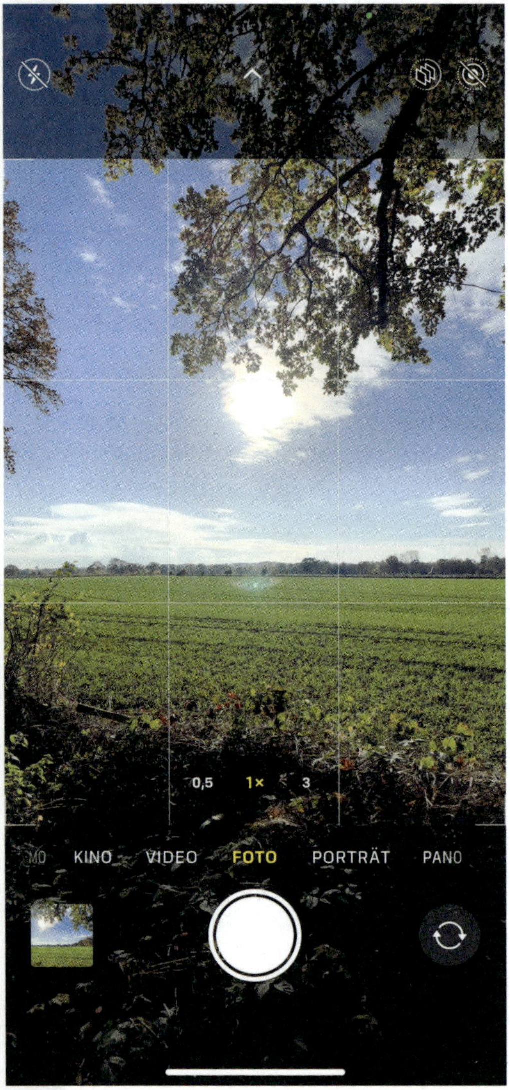

Das eingeblendete Raster hilft bei der Ausrichtung

Nachtmodus

Auf iPhone 11-, 12- und 13-Modellen werden im Nachtmodus bei schwacher Beleuchtung mehr Details aufgenommen und die Aufnahmen aufgehellt. Dabei wird die Dauer der Belichtung automatisch bestimmt. Sie können aber natürlich auch mit den manuellen Steuerelementen experimentieren.

Im Bildschirm „Kamera" im Modus „Foto" werden die Tasten für den Nachtmodus wie für den Blitz in der linken oberen Bildschirmecke angezeigt.

Tipp. Auf Modellen ab dem iPhone 12 ist der Nachtmodus auch für die Aufnahme von Selfies mit der Frontkamera verfügbar, ebenso für die Ultra-Weitwinkelkamera und die Weitwinkelkamera. Auf iPhone 11-Modellen ist der Nachtmodus nur für die Weitwinkelkamera verfügbar.

Im Modus „Foto" wird bei schwacher Beleuchtung automatisch der Nachtmodus aktiviert. Die Taste „Nachtmodus" oben auf dem Bildschirm wird gelb, direkt daneben erscheint eine Zahl, die angibt, wie viele Sekunden die Kamera für die Aufnahme braucht. Tippen Sie auf „Nachtmodus" und wählen Sie mittels Schieberegler zwischen „Auto" und „Max". Mit „Auto" wird die Dauer der Belichtung automatisch bestimmt, bei „Max" wird die längste Belichtungsdauer verwendet. Die gewählte Einstellung bleibt für die nächste Aufnahme im Nachtmodus gesichert.

Tipp. Wenn das iPhone während der Bilderfassung Bewegungen erkennt, werden Fadenkreuze im Bildrahmen angezeigt. Die Fadenkreuze müssen dann so aufeinander ausgerichtet werden, dass sie sich überlagern. Das soll dabei helfen, Bewegungen zu reduzieren und die Aufnahme zu verbessern.

Tippen Sie auf die Stopptaste unter dem Schieberegler, um den Nachtmodus während der Aufnahme zu verlassen.

Serienbildmodus

Im Modus „Serie" werden mehrere Fotos in rascher Folge aufgenommen. Das ist hilfreich, wenn Sie ein sich bewegendes Motiv aufnehmen möchten, oder um aus der automatisch aufgenommenen Fotoserie später das beste Foto auszuwählen. Fotoserien können sowohl mit der rückwärtigen Kamera als auch mit der Frontkamera aufgenommen werden. Um eine Fotoserie zu starten, streichen Sie nach links über die Auslösertaste (iPhone XS, XR und neuere Modelle) oder legen Sie den Finger auf die Auslösertaste (iPhone X und frühere Modelle). Der Zähler zeigt an, wie viele Aufnahmen bereits gemacht wurden. Die Aufnahme stoppt, sobald Sie den Finger heben.

Tippen Sie auf die Miniansicht der aufgenommenen Fotoserie, um Fotos auszuwählen, die Sie behalten möchten. Zum Aufbewahren empfohlene Fotos werden durch unterlegte graue Punkte gekennzeichnet. Tippen Sie auf den Kreis in der unteren rechten Ecke jedes Fotos, das Sie als separates Foto sichern möchten. Tippen Sie abschließend auf „Fertig".

Tipp. Bei neueren iPhone-Modellen (ab XS, XR) können Sie über „Einstellungen" und „Kamera" die Option „Lauter für Serie verwenden" aktivieren. Danach können Sie die Lautstärketaste „Lauter" gedrückt halten, um eine Fotoserie zu starten.

Aufnehmen von ProRAW-Fotos

Mit dem iPhone 12 Pro hat Apple das Bildformat „ProRAW" eingeführt, das die Informationen des standardmäßigen RAW-Formats mit der iPhone-Bildverarbeitung kombiniert. Damit haben Sie mehr kreative Möglichkeiten bei der Anpassung von Belichtung, Farben sowie dem Weißabgleich. ProRAW ist bei allen Kameras, einschließlich der Frontkamera, verfügbar, der Modus „Porträt" wird allerdings nicht unterstützt. Um das Bildformat zu nutzen, müssen Sie zunächst unter „Einstellungen", „Kamera" und „Formate" die Option „Apple ProRAW" aktivieren. Die Taste „ProRAW" befindet sich oben rechts, direkt neben „Live-Foto".

Beachten Sie, dass Fotos im Format „Apple ProRAW" mehr Bildinformationen enthalten, was zu größeren Dateien und damit einem größeren Speicherbedarf führt.

Feinanpassungen vornehmen

Nach der Aufnahme eines Foto oder Videos können Sie in der App „Fotos" Feinanpassungen vornehmen. Öffnen Sie dazu die betreffende Aufnahme und tippen Sie auf „Bearbeiten". Über die Tasten am unteren Bildschirmrand können Sie die Beleuchtung anpassen, einen Filter hinzufügen und die Aufnahme zuschneiden oder drehen. Tippen Sie auf das Foto, um die Änderungen mit dem Original zu vergleichen. Tippen Sie auf „Zurücksetzen", um die Änderungen rückgängig zu machen.

„QuickTake"-Videos aufnehmen

Falls Sie während des Fotografierens auf die Idee kommen, die komplette Szene in Form eines Videos einzufangen, müssen Sie dazu nicht extra den Aufnahmemodus wechseln. Halten Sie einfach die Auslösertaste gedrückt, um ein „QuickTake"-Video aufzunehmen (ab iPhone XS, XR). Wenn Sie weiter aufnehmen möchten, bewegen Sie die Auslösertaste nach rechts über das Schlosssymbol und tippen Sie dann auf die Auslösertaste, um weitere Standbilder aufzunehmen.

Praxis-Tipps für Samsung Galaxy

Funktionen und Bedienung können von Modell zu Modell leicht abweichen. Das Grundprinzip dürfte aber weitgehend gleich sein, auch wenn bestimmte Sonderfunktionen insbesondere bei älteren Modellen eventuell nicht vorhanden sind. Den nachfolgenden Hinweisen und Tipps wurde die Galaxy S21-Serie zugrunde gelegt. Die Kamera dieser Reihe besteht aus den folgenden Objektiven:

- einer Frontkamera für Selfies und Videotelefonie sowie auf der Rückseite
- einem Ultra-Weitwinkelobjektiv
- einem Weitwinkelobjektiv und
- einem Teleobjektiv plus
- einem zweiten Teleobjektiv (nur beim S21 Ultra)

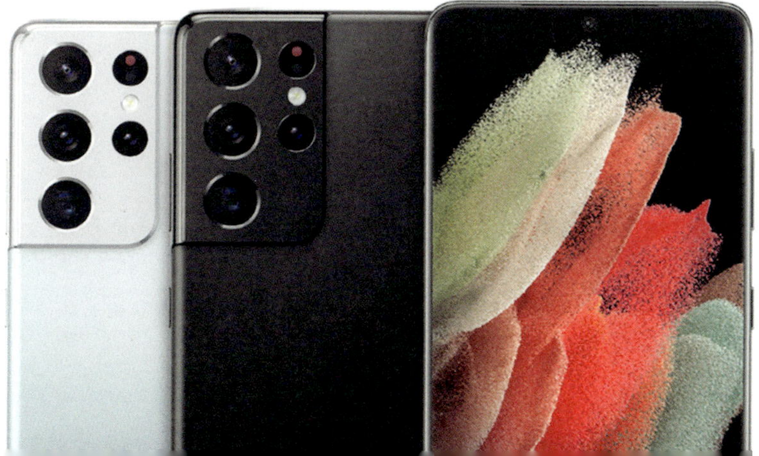

Die Galaxy S21-Serie (Foto: Samsung)

Das Dual-Teleobjektiv

Die Kombination aus zwei Teleobjektiven beim Modell Ultra ermöglicht eine besondere Funktion, die Samsung etwas marktschreierisch „Space Zoom" nennt. Dahinter verbirgt sich das im Abschnitt „Technik" (siehe ► Seite 50) beschriebene Prinzip, beim Heranzoomen ab einer bestimmten Zoomstufe das Objektiv zu wechseln.

Beim Dual-Zoom-Objektivsystem wird das Objektiv für die Zoomstufen 3x und 10x und 100x gewechselt. Dabei sorgt eine neuartige Zoomsperre bei besonders weiten Zoombereichen für eine automatische Stabilisierung. Das macht die Aufnahmen schärfer und reduziert das Verwackeln während der Aufnahme.

Zoomsperre aktivieren

Zoomen Sie durch eine Spreizgeste in das Bild hinein, bis in der oberen linken Ecke des Suchers eine Weitwinkelvorschau erscheint. Auf dem Galaxy S21 und S21+ wird diese Vorschau ab 20-facher Vergrößerung angezeigt, auf dem S21 Ultra ab 30-facher Vergrößerung.

Richten Sie die Kamera auf ein bestimmtes Motiv, analysiert die Software die Aufnahme und das Vorschaufenster färbt sich gelb. Damit wird angezeigt, dass die Zoomsperre aktiviert wurde.

Die Zoomsperre ist eine Kombination aus optischen und elektronischen Bildstabilisierungen, bei denen auch künstliche Intelligenz zum Einsatz kommt. Die in diesem Buch des öfteren geäußerten Vorbehalte gegen den digitalen Zoom räumt auch diese Technik nicht ganz aus. Dennoch erzielt man damit bei hohen Zoomstufen vergleichsweise gute Ergebnisse, wenn man keine andere Möglichkeit hat, sich einem weit entfernten Motiv zu nähern.

Der Selfie-Modus

Der Selfie-Modus verwendet künstliche Intelligenz und Beleuchtung auf Studio-Niveau. Die Galaxy S21-Serie stellt nicht nur unscharfe Details bei schlechten Lichtverhältnissen wieder her, sondern beseitigt auch Hautunreinheiten, während Hautton und Hautstruktur erhalten bleiben.

- Öffnen Sie die Kamera.
- Wischen Sie auf dem Vorschaubildschirm nach oben oder nach unten oder tippen Sie auf das Kamerawechsel-Symbol, um die Frontkamera für Selfies zu verwenden.
- Tippen Sie oben rechts auf „Effekte" und dann auf „Gesicht", um die Einstellungen für das Selfie anzupassen.

Nachtmodus

Für Aufnahmen bei schlechten Lichtverhältnissen kommt ebenfalls künstliche Intelligenz zum Einsatz. Mit der automatischen „Multi-Frame-Verarbeitung", das heißt, der softwareseitigen Auswertung der Bildinformationen aus mehreren Aufnahmen, wird versucht, Fotos mit kräftigen, lebensnahen Farben zu erstellen. Außerdem verbessert der Nachtmodus die Darstellung von Details und reduziert das beim Hochsetzen des ISO-Werts typischerweise entstehende Rauschen (mehr dazu im Abschnitt „Technik", siehe ► Seite 89f).

- Öffnen Sie die Kamera.
- Tippen Sie in der Liste der Aufnahmemodi auf „MEHR" > „NACHT". Sie können die Zeitangabe, die unten rechts im Bildschirm angezeigt wird, auf „MAX" stellen, um noch klarere Bilder zu erhalten.
- Tippen Sie auf das Auslöser-Symbol und halten Sie das Gerät möglichst still, bis die Aufnahme des Fotos abgeschlossen ist, um Verwackeln zu vermeiden, das durch das Hochsetzen der Belichtungszeit entstehen kann.

Single Take

Serienaufnahmen spielen, wie an anderer Stelle schon erwähnt, eine große Rolle bei der Smartphone-Fotografie, etwa um unterschiedliche

Bildinformationen zu einem Foto zusammenzufügen. Bei diesem spannenden Modus geht es eher darum, die kreativen Möglichkeiten zu erweitern. Auch hierbei ist jedoch künstliche Intelligenz im Spiel. Maximal zehn Fotos und vier Videos werden dabei zu einer Art Gesamtkunstwerk zusammengefügt. So wählt „Bester Moment" die Highlights aus mehreren Fotos aus. Bei „Highlight Video" und „Dynamische Slo-Mo" werden die Aufnahmen zu kurzen Videos kombiniert, die Sie direkt über soziale Netzwerke oder per Mail teilen können.

- Öffnen Sie die Kamera.
- Tippen Sie in der Liste der Aufnahmemodi auf „SINGLE TAKE".
- Tippen Sie auf die Aufnahme-Taste und bewegen Sie die Kamera, um die gewünschte Szene aufzunehmen.
- Sobald die Aufnahme beendet ist, tippen Sie auf die Miniaturansicht der Aufnahme.
- Ziehen Sie die die horizontale Linie nach oben, um sich weitere Ergebnisse anzusehen. Um einzelne Ergebnisse zu speichern, markieren Sie die gewünschten Elemente und tippen Sie auf das quadratische Symbol mit dem Pfeil nach unten.

Quick-Crop

Auch hierbei handelt es sich um eine nachträgliche Bearbeitungsfunktion. Sie können damit in ein Foto hineinzoomen und den „überstehenden" Rand abschneiden. Das gleiche können Sie natürlich auch mit einem Bearbeitungsprogramm machen. Der Vorteil ist, dass Sie das hier ohne Umweg direkt auf Ihrem Smartphone erledigen können.

- Öffnen Sie die Galerie-App und wählen Sie ein Bild aus.
- Zoomen Sie mittels einer Spreizgeste mit zwei Fingern in den Bildbereich, den Sie speichern möchten. Tippen Sie anschließend auf das „Quick Crop"-Symbol in der linken oberen Ecke. Der zugeschnittene Bereich wird als eigene Datei gespeichert.

Fotos bearbeiten, teilen und verwalten

Apps und PC-Software für verschiedenste Ansprüche und Geldbeutel

Foto-Apps und Bildbearbeitung

Man kann sich darüber streiten, ob all die Rechnerei nicht eine Verfälschung der Wirklichkeit darstellt. Wer so argumentiert, vergisst ein paar wesentliche Dinge. Zum einen sollte man keineswegs davon ausgehen, dass die traditionelle Fotografie die sichtbare Welt unverfälscht wiedergibt. Vom Objektiv über diverse Filter und die Kameraeinstellungen bis hin zur Entwicklung des fertigen Bildes – überall legen der Fotograf oder die Fotografin selbst Hand an. Zum anderen hat jeder, der hin und wieder fotografiert, schon erlebt, dass der ursprüngliche Eindruck von einem Bild oft nur unzureichend wiedergegeben wird. Das Anwenden von Filtern, die nachträgliche Bildbearbeitung, all das Bemühen um eine gelungene Aufnahme dienen dem Zweck, aus den Bildinformationen etwas herauszukitzeln, das man zum Ausdruck bringen möchte. Dabei kann man um Authentizität bemüht sein, um einen naturalistischen Eindruck, um das Widerspiegeln einer spezifischen Stimmung, oder um Verfremdung. Doch diese Herangehensweise ist eine bewusste Entscheidung und hat allenfalls in zweiter Linie mit der dabei zum Einsatz kommenden Technik zu tun.

Es wurde in den vorangegangenen Kapiteln schon erwähnt: Die auf Smartphones vorinstallierten Apps beschränken sich in aller Regel darauf, die Besonderheiten der jeweiligen Hardware möglichst effektiv zu nutzen. Und das heißt meist auch: automatisch und ohne allzu große Einflussmöglichkeiten vonseiten der Nutzer. Deutlich mehr kann man mit vielen aus dem Play Store oder dem App Store heruntergeladenen Apps machen. Jede davon ist – ebenso wie jedes Handymodell – etwas anders, sodass sich Tipps nur schwer pauschalisieren lassen. Im Folgenden sollen daher einige aus unserer Sicht aus der Masse des Angebots herausragende Apps vorgestellt werden. Ganz besonders sollen dabei die Besonderheiten der jeweiligen App hervorgehoben werden. Die grundlegenden Funktionen ähneln einander allerdings von App zu App, sodass sich die Darstellungen einzelner Arbeitsschritte bis zu einem gewissen Punkt verallgemeinern lassen – auch wenn hier ein Modus vielleicht etwas anders heißt als dort.

Die besten Foto-Apps für iOS und Android

Mit der richtigen App macht man mit dem Smartphone nicht nur beeindruckende Aufnahmen, sondern hat gleichzeitig sein eigenes Fotostudio in der Tasche: Bearbeiten lassen sich die Schnappschüsse nämlich direkt auf dem Gerät. Zudem lassen sich die eigenen Fotos auch von unterwegs mit den Daheimgebliebenen über Facebook & Co. teilen.

ProCamera (Cocologics) gehört zu den besten Foto-Apps für iOS und kostet einmalig 10 Euro. Sie bietet eine Fülle von Einstellungsmöglichkeiten wie einen halbautomatischen und einen manuellen Modus, in dem man Belichtungszeit und ISO selbst einstellen kann. Es gibt eine Perspektivkorrektur, eine „Rapid Fire"-Funktion für Serienfotos und vieles mehr.

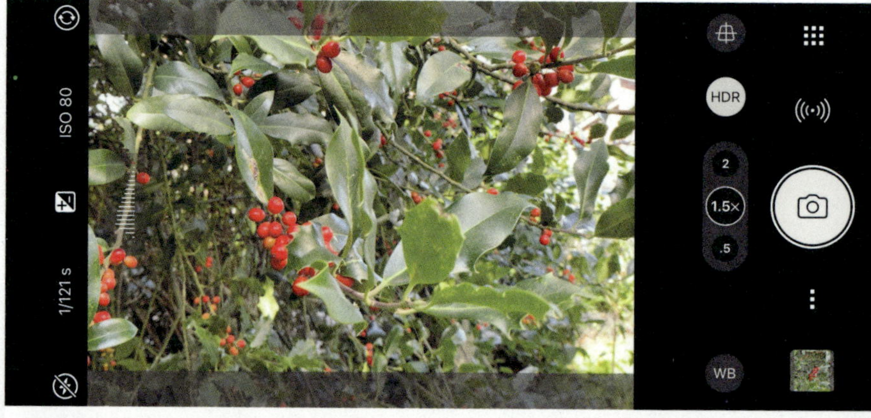

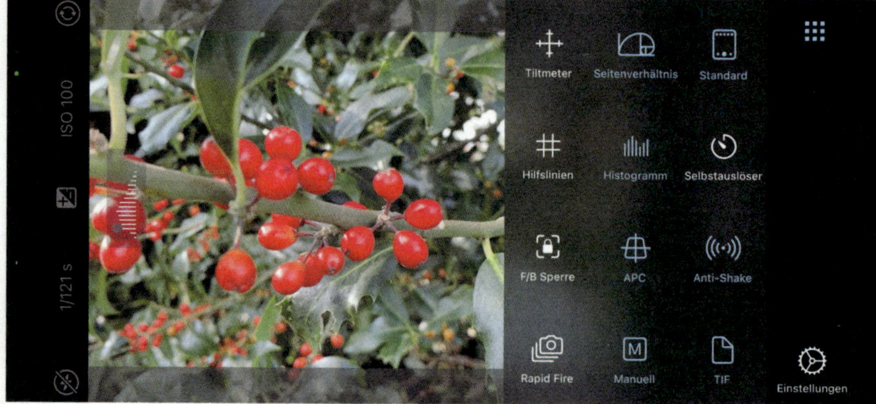

Die Benutzeroberfläche von ProCamera für iOS

Außerdem bietet die App fortgeschrittenen Anwendern die Möglichkeit, Aufnahmen direkt an die professionellen Desktop-Anwendungen Adobe Photoshop CC und Adobe Illustrator CC sowie Adobes Creative Cloud zu senden. Eine sehr gute Alternative für Android ist ProShot (Rise Up Games), die einmalig knapp 5 Euro kostet. Sie bietet einen ähnlich großen Funktionsumfang, aber leider nur englischsprachige Tutorials. Mit etwas Kamerakenntnissen kommt man aber auch so gut zurecht.

Erwähnt sei außerdem die Foto-App **Open Camera** (Mark Harman). Open Camera ist eine der besten und vielseitigsten Kamera-Apps für Android – und trotzdem kostenlos und werbefrei. Die App fügt der Foto-Funktion von Android-Geräten alle Einstellungen hinzu, die Sie von einer „echten" Kamera erwarten würden. Dazu gehören ein Bildstabilisator, Weißabgleich, diverse Bildmodi, ISO-Einstellung, Gesichtserkennung und vieles mehr. Sogar eine Auslöseverzögerung und eine Serienbild-Funktion fehlen nicht. Unter „Standort-Einstellungen" lassen sich sowohl die Ausrichtung nach Himmelsrichtungen als auch die Erfassung der Standortdaten („Geotagging") aktivieren. Mit den Aufnahmen werden dann auch die GPS-Daten gespeichert, damit man später leichter feststellen kann, wo ein Foto gemacht wurde. Aus Datenschutzgründen und um den Akku zu schonen, sollte man diese Funktion deaktivieren, wenn man sie gerade nicht braucht.

Möchten Sie sehen, was man mit Handyfotos außer den gewöhnlichen Bildanpassungen so alles anstellen kann? Dann probieren Sie doch **Lightleap** für iOS aus! „Magic" bietet eine ziemlich gut funktionierende, aber auch mit anderen Mitteln erreichbare Bildoptimierung. Richtig beeindruckend ist dagegen „Himmel", ein Tool, mit dem man beispielsweise den Hamburger Hafen mit einem Bergpanorama versehen kann. Häufig dürfte man „Reparatur" brauchen, um unerwünschte Objekte oder Personen aus dem Foto zu retuschieren. Daneben gibt es jede Menge Filter, Unschärfeeffekte und Dekorationen, die die Grenze zum Kitsch ein ums andere Mal überschreiten. Alles wird sehr gut auf Deutsch erklärt und die Orientierung mit sinnvollen Hinweisen erleichtert. Das alles hat leider auch seinen Preis. Die etwas mehr als 2 Euro pro Monat im Rahmen eines Jahresabos oder knapp 80 Euro einmalige Zahlung sind aber gut angelegt. Den Glauben an fotografische Wahrhaftigkeit dürfte diese App allerdings dauerhaft erschüttern.

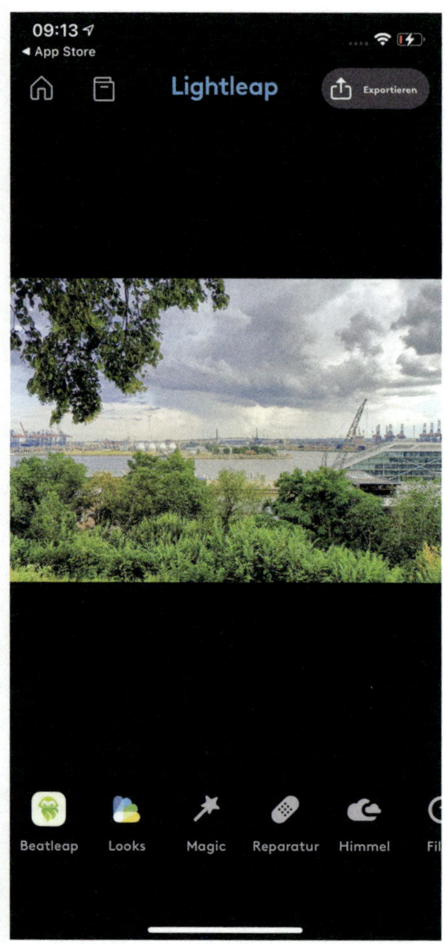

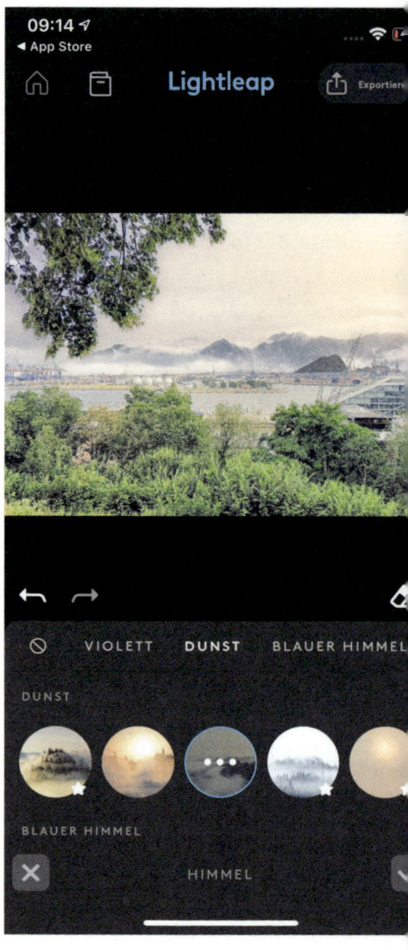

Verblüffende Effekte sind die Spezialität von „Lightleap" für iPhone und iPad

Microsofts iOS-App **Pix-Kamera** verwendet eine Aufnahmetechnik, die auch bei verschiedenen Aufnahmemodi aktueller Kameras zum Einsatz kommt. Nach dem Auslösen wird stets eine ganze Serie von Fotos aufgenommen, die analysiert werden, um die Einstellungen selbstständig anzupassen. Der Trick dabei: Nur die gelungensten Aufnahmen werden verwendet, während die übrigen der Verbesserung des Endergebnisses dienen. Werden Bewegungen erkannt, nimmt die App automatisch ein kurzes Video auf, das als Endlosschleife abgespielt wird. Auf dem PC oder mittels einer zusätzlichen App wie „Video to GIF" lässt sich dieses schnell in eine GIF-Datei (siehe den folgenden Absatz) umwandeln. Eine Bearbeitungsfunktion fehlt ebenfalls nicht, bietet aber nur das Allernötigste.

Bewegte Bilder

Die Funktion „Live-Fotos" (siehe auch ► Seite 94f) beherrschen iPhones ab der sechsten Generation von Haus aus. Beim Schießen eines Fotos mit der vorinstallierten Kamera-App werden automatisch jeweils 1,5 Sekunden vor und nach der Aufnahme gespeichert. Jedes Live-Foto besteht aus einer 12-Megapixel-Aufnahme und einer Videosequenz. Drückt man per „3D Touch" (also etwas fester) auf das Display, erwacht das Bild zum Leben. Dafür, dass man mit dieser Funktion noch viel mehr machen kann, sorgt ausgerechnet Konkurrent Google. Mit dessen kostenloser iOS-App **Motion Stills** lassen sich Live-Fotos als GIF- oder Video-Dateien sichern, die auch aus mehreren Einzelbildern zusammengesetzt werden können. Bei GIFs handelt es sich um in Endlosschleife abgespielte Mini-Videos, die sich auf Facebook & Co. derzeit großer Beliebtheit erfreuen. Die Auswahl eines alternativen Standbilds ist ebenfalls möglich. Auch mit **Lively** lassen sich die Live-Fotos in überall abspielbare Videos und GIFs umwandeln. Die App bietet zudem jede Menge Bearbeitungsoptionen. So kann man die Abspielgeschwindigkeit einstellen oder ein einzelnes Bild auswählen, das sich als statisches Foto extrahieren lässt.

In der Android-Welt bietet die Gratis-App **Magix Camera MX** eine Funktion namens „Live Shot", die Apples Live-Fotos nachempfunden ist. Sie ermöglicht sogar Zeitreisen in doppeltem Sinne. Zum einen findet sich unter den zahlreichen mitgelieferten Filtern ein „Retro"-Filter, mit dem man Fotos wie historische Aufnahmen aussehen lassen kann. Zum anderen gibt es den ausgesprochen praktischen „Shoot-the-Past"-Modus. Wie es der Name schon nahelegt, kann man damit in die Zeit vor der eigentlichen Aufnahme zurückgehen, wenn man den richtigen Moment verpasst hat. Motive wie „Gattin mit geschlossenen Augen vor Sonnenuntergang" gehören damit der Vergangenheit an. Bleibt zu hoffen, dass diese enorm vielseitige App auch weiterhin werbefrei bleibt.

Profi-Tool für Android: Camera FV-5 in der Praxis

Vorinstallierte Apps überlassen die meisten Einstellungen der Kamera, andere wiederum bieten mehr Anpassungsmöglichkeiten, ohne Nutzer allzu sehr zu fordern. Einen ganz anderen Weg geht Camera FV-5 für Android. Mit dieser App für ambitionierte Smartphone-Fotografen wird praktisch eine echte Profi-Kamera simuliert und eine schier überwältigende Fülle an Optionen geboten. Die folgenden Abschnitte sollen Ihnen bei der ersten Orientierung helfen.

Ganz oben links findet sich das sogenannte „Hamburger-Menü", über das die diversen Kameramodi zu erreichen sind.

Belichtungsreihe. Dieser Modus entspricht der Funktion, die bei DSLR-Kameras als AEB („auto exposure bracketing", „automatische Belichtungsreihe") bekannt ist. Die Kamera – bzw. Ihr Smartphone – schießt in diesem Modus eine Reihe von Aufnahmen mit unterschiedlicher, automatisch eingestellter Belichtung. Das ist nützlich, wenn Sie nicht genau wissen, welche Art der Belichtung für das aktuelle Motiv am geeignetsten ist. Aus den unterschiedlichen Fotos können Sie am Ende die gelungensten auswählen und den Rest löschen. Alternativ können Sie die Aufnahmen später zu einem HDR-Bild (siehe „HDR", ► Seite 44f) zusammensetzen.

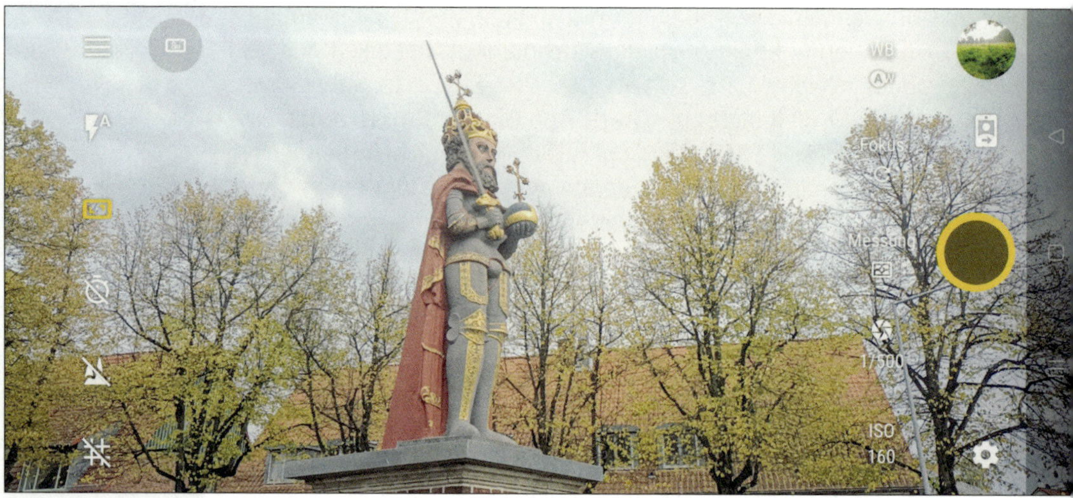

Hauptinterface Camera FV-5

Die Funktion bietet noch weitere Anpassungsmöglichkeiten. Haben Sie „Belichtungsreihe" aktiviert, erscheint in der Hauptansicht der App links über dem Bild das entsprechende Symbol und ein Eintrag wie „3 Aufnahmen, 1,0 EV". Das bedeutet, dass drei Aufnahmen hintereinander geschossen werden und die Belichtungsunterschiede einen vollen Schritt ausmachen. Tippen Sie auf diese Angaben, um die Werte zu verändern. Sie können die Anzahl der Fotos nun auf bis zu 9 erhöhen. Direkt darunter können Sie den Unterschied in der Belichtung von Bild zu Bild auf 2 Einzelintervalle erhöhen oder auf bis zu 0,2 EV absenken. Die genauen Werte können je nach verwendeter Kamera unterschiedlich sein.

Serienaufnahme. Ist dieser Modus aktiviert, erscheint das Serienbild-Symbol im Auslösebutton. Solange Sie den Auslöser gedrückt halten, schießt die Kamera nun ein Bild nach dem anderen. Solche Serienaufnahmen können effektiv sein, wenn Sie einen bestimmten Moment exakt einfangen wollen, aber auch, um eine effektvolle Serie von Bildern aufzunehmen. Für letzteren Zweck bietet sich allerdings eher der Modus „Intervallaufnahme" an.

Intervallaufnahme. Standardmäßig werden in dieser Einstellung 20 Aufnahmen im Abstand von jeweils 5 Sekunden geschossen. Tippen Sie wiederum auf die Werte links oben über der Vorschau der Hauptansicht, um die Anzahl der Aufnahmen und die Intervalle dazwischen anzupassen. Ferner können Sie auch einige andere Parameter wie „Intervall und Aufnahmedauer" oder „Aufnahmedauer und -anzahl" anpassen. Das kann hilfreich sein, wenn Sie beispielsweise einen Videoclip aus den Aufnahmen erstellen wollen.

Synthetische Belichtung. Dieser Modus simuliert eine Langzeitbelichtung von maximal 60 Sekunden, unabhängig davon, ob Ihr Smartphone eine solche unterstützt oder nicht. „Simuliert" in dem Sinn, dass keine echte Langzeitbelichtung vorliegt, sondern eine Serienaufnahme herangezogen wird, um entsprechende Effekte zu erreichen. Tippen Sie in der Hauptansicht oben rechts auf „Film", um zwischen den Modi „Film" und „Lichtspur" zu wechseln. Mit Lichtspur-Effekten können Sie besonders eindrucksvolle Aufnahmen von beleuchteten Objekten machen, die sich in der Dunkelheit bewegen. Die Skala für die synthetische Belichtungszeit wird in der Einstellung „Blende" angezeigt, sofern sie aktiviert ist.

Fokus. Hier können Sie festlegen, wie der Fokus gesetzt, also welcher Teil des Bildes scharf gestellt werden soll (siehe „Fokus", ► Seite 96f).

- „AF" steht für „Autofokus",
- die Blume für Nahaufnahmen und Makros.
- Über den „Smilie" aktivieren Sie die Gesichtserkennung.
- Der Rundpfeil steht für „kontinuierlichen Autofokus". Damit wird ein Motiv, das sich bewegt, automatisch verfolgt – sofern Ihre Kamera das unterstützt. Diese Einstellung ist für Fotos beim Sport, für Tiere oder Straßenszenen ideal.
- Der Zeigefinger symbolisiert einen flexibel auswählbaren Fokus, den die Kamera genau auf den Punkt setzt, den Sie auf dem Sucherbild berühren.
- Das Unendlich-Symbol (eine liegende 8) stellt den Fokus auf unendlich. Insbesondere ältere Smartphones fokussieren nämlich sehr langsam oder unzuverlässig. Im Unendlich-Modus wird der Fokus auf die Hyperfokaldistanz gesetzt. Ohne Fokussieren entstehen damit scharfe Fotos, solange sich das Motiv mindestens einen Meter entfernt befindet.
- AF-L steht für „Autofokus-Locked". Der letzte manuell eingestellte Autofokuspunkt wird gespeichert, bis der Modus wieder deaktiviert wird.

Messung. Hier können Sie festlegen, ob die Belichtung für das ganze Bild, nur den inneren Bildteil oder einen bestimmten Punkt gemessen werden soll. Mit „AE-L" können Sie die Belichtungsmessung ganz sperren.

ISO. Der ISO-Wert (► Seite 40f) legt die Sensorempfindlichkeit fest. Sie können den ISO-Wert hier dauerhaft einstellen, er bleibt auch dann bestehen, wenn Sie die App schließen und neu starten. Für die beste Bildqualität sollten Sie den tiefsten Wert (ISO 100) wählen und bei schlechter Beleuchtung schrittweise nach oben anpassen. Gehen Sie hierbei nicht zu weit, da sonst Bildrauschen entsteht. Alternativ aktivieren Sie ISO AUTO. Dann wird der Wert den jeweiligen Lichtverhältnissen angepasst.

Weißabgleich. Auch hier ist standardmäßig „AWB", also der automatische Weißabgleich eingestellt. Möchten Sie eine andere Farbstimmung erzielen und beispielsweise wärmere Farben einstellen, können

Sie das hier ebenfalls tun. Experimentieren Sie mit den unterschiedlichen Einstellungsmöglichkeiten – Sie können damit wirklich überraschende Effekte erzielen.

Die besten Bildbearbeitungs-Apps für iOS und Android

Wer seine Fotos kreativ aufbereiten möchte, sollte sich zuvor eine gute Strategie überlegen. Foto-Apps bieten dafür bereits bei der Aufnahme einige Möglichkeiten. Gerade unterwegs, oder inmitten des Geschehens wie beim Sport oder auf einer Geburtstagsparty, geht es aber meist darum, schnell und spontan Schnappschüsse zu machen und sich dabei nicht lange mit Bildverbesserungen aufzuhalten. Die Fotos kann man dann später am Tablet oder am PC mit ausgewiesenen Bildbearbeitungsprogrammen (► Seite 119ff) aufbereiten. Es gibt aber auch Situationen, in denen man die bestmögliche Version eines Fotos sofort haben möchte. Etwa um den Daheimgebliebenen Urlaubsgrüße zu senden, einen Schnappschuss direkt an andere Partygäste zu senden oder ihn in sozialen Netzwerken zu teilen. In diesen Fällen braucht man eine Bildbearbeitungs-App auf dem Smartphone.

An eine solche App stellen sich besondere Anforderungen: Die wichtigsten Funktionen müssen leicht zu finden sein und zuverlässig gute Ergebnisse liefern. Sie sollte die Möglichkeit bieten, die Ergebnisse schnell zu teilen, zu versenden und online zu speichern. Entscheidend ist eine gute Benutzerführung, da man sich nicht lange damit aufhalten will, den nächsten Schritt zu suchen. Denn nichts ist ärgerlicher, als eine gelungene Aufnahme zu verderben, versehentlich zu löschen oder gar an den falschen Empfänger zu senden. Und schließlich ist es kein Fehler, wenn eine App besondere Features bereitstellt, die mit originellen Effekten die kreativen Möglichkeiten erweitert.

Lightroom Mobile (Adobe; iOS und Android, ab 9,99 €/Monat). Lightroom hat den großen Vorteil, nicht so überladen zu sein wie das Profi-Tool Photoshop und doch eine Fülle an professionellen Bearbeitungsoptionen zu bieten. Im Abo kann man die Desktop-Version wie auch die „Hosentaschen-Versionen" für Android, iOS und iPad nutzen. In den 1 TB großen Speicher hochgeladene Bilder stehen geräteübergreifend zur Verfügung. Großartig sind die Presets (= Vorgaben, Voreinstellungen), denen man die Arbeit überlassen oder die man nach den eigenen Wünschen anpassen kann.

Ganz so viele Möglichkeiten wie am Computer bietet die App nicht, doch dafür immerhin alles, was man braucht, um direkt auf dem mobilen Gerät Aufnahmen zu bearbeiten und zu verwalten. So unterstützt sie die HDR-Technik, also Bilder mit „hohem Dynamikumfang" („High Dynamic Range", ► Seite 44f). Je nach Know-how und Anspruch reichen die Möglichkeiten von einfachen Vorgaben bis hin zu leistungsstarken, fortgeschrittenen Korrekturen. Fünf „Live-Presets" zeigen schon im Sucher, wie das Bild später aussehen wird. Die Basis-App ist gratis, erweiterte Funktionen sind Abonnenten von Adobes „Creative Cloud" vorbehalten, etwa das geräteübergreifende Synchronisieren, das Bearbeiten von Rohdaten („RAW") oder lokale Korrekturen, mit denen Belichtung, Helligkeit, Klarheit und andere Parameter in bestimmten Bereichen eines Bildes angepasst werden können.

Dramatic Black & White (JixiPix Software; Android 2,09 €; iOS 3,49 €). Schwarz-Weiß-Fotografie gilt vielen als die Königsdisziplin. Mit dieser App kann man sich kreativ austoben. Sie erleichtert das mit zahlreichen Presets, die sich nach Belieben weiterverarbeiten lassen. So kann man stufenlos zwischen Hell und Dunkel, Scharf und Weich sowie viel und wenig Kontrast variieren oder die Anteile von Rot, Grün und Blau anpassen. Mit dem übergeblendeten Kreis kann man Bildteile hervorheben und eine mehr oder minder starke Vignettierung vornehmen.

Lightleap Fotoeditor (Lighttricks Ltd.; Pro-Version Android 5,99 €/Monat, 20,99 €/Jahr; Pro-Version iOS 6,49 €/Monat, 19,99 €/Jahr; Kaufpreis: 64,99 €). Diese App, ehemals unter dem Namen „Quickshot" bekannt, macht richtig Laune. Ohne Vorkenntnisse kommt man hier zu ziemlich verblüffenden Ergebnissen – man tauscht den bewölkten Himmel gegen Schäfchenwolken vor strahlendem Blau oder einen Sonnenuntergang aus, lässt störende Bildelemente durch Darüberstreichen mit dem Finger verschwinden und vieles mehr. Übertreibt man es, sehen die Ergebnisse aber recht künstlich aus.

Snapseed (Google; iOS und Android, kostenlos). Diese App glänzt insbesondere durch die gewaltige Menge an Filtern, aber auch manuelle Feinabstimmungen und grundlegende Operationen wie Zuschneiden oder Weißabgleich lassen sich damit erledigen. Es gibt ein Reparatur-Tool und einen Pinsel für das Anpassen von Details. Da es sich um eine rein mobile App handelt, muss man sich etwas eingewöhnen, wenn man sonst mit PC und Maus arbeitet. Mit dem Hereinzoomen durch eine Spreizgeste und dem Bearbeiten mit dem Finger lassen sich aber auch feine Details sehr präzise und intuitiv anpassen.

Afterlight (Afterlight Collective, Android ca. 70 Cent, iOS 1,10 €) Eine der besten Fotobearbeitungsapps überhaupt – und das zum Kampfpreis! Besonders erwähnenswert sind hier die Filter, da sie sehr natürlich wirken und damit über die schrillen – oder positiv ausgedrückt: „kunstvollen" – Effekte, die man beispielsweise mit Instagram-Filtern erreicht, hinausgehen. So kann man mit dem „Seasons"-Filterpaket die Stimmung einer Szene so anpassen, dass sie den Eindruck vermittelt, in einer bestimmten Jahreszeit gemacht worden zu sein. Das ist zum Beispiel hilfreich, wenn die Kamera die Blautöne zu stark betont und die Aufnahme daher kalt wirkt. Für eine Korrektur bräuchten Sie mit einem PC-Bildbearbeitungsprogramm viel Zeit und Mühe, wofür mit dem passenden Filter hier zwei Minuten reichen. Wie bei anderen guten Programmen auch, können Sie die Stärke des Filters über einen Schieberegler manuell anpassen, damit der Effekt nicht übertrieben wirkt.

Trotz immer höherer Auflösungen und verbesserter Bildqualität leiden die Aufnahmen oft unter optischen Verzerrungen. Auch Helligkeitsverluste, schiefe Aufnahmen oder ungünstig gewählte Ausschnitte trüben den Spaß. Mit **SKRWT** (mjagielski; Android 1,49 €; iOS 1,99 €) lassen sich solche Fehler beheben. In die App geladene Bilder werden in Raster zerlegt, über eine Skala darunter lässt sich die Effektstärke anpassen. Weitere Funktionen findet man durch einen Fingerstreich vom linken bzw. rechten Bildschirmrand. Wer bereit ist, sich etwas einzuarbeiten, findet in SKWRT ein professionelles Tool, das deutlich mehr Möglichkeiten der Korrektur und Gestaltung bietet als die üblichen Filtersammlungen.

InShot Video Editor & Foto (iOS). Videoeditoren sind oft teuer und unnötig kompliziert. Bei dieser App lädt man Fotos und Videos, die man etwa mit dem iPhone aufgenommen hat, direkt aus der iCloud oder

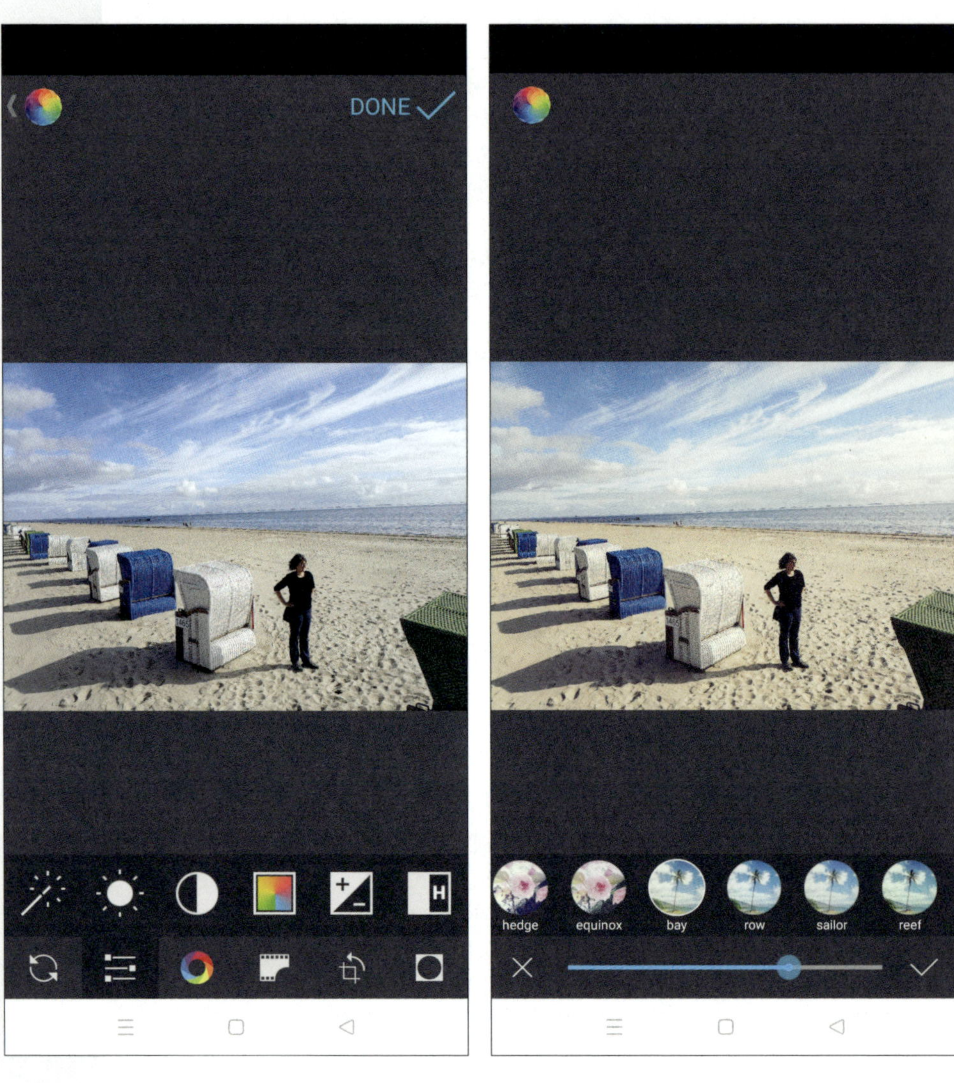

Zwei bis drei Klicks – schon ist es dank des richtigen Afterlight-Filters auf dem Bild acht bis zehn Grad wärmer

von externen, über den USB-C-Anschluss verbundenen, Datenträgern. Selten hat es so viel Spaß gemacht, Diashows, Urlaubsfilme, Collagen und vieles mehr zu gestalten. Frei nutzbare Materialien und Schriften bieten viel kreativen Input. Das Abo kostet nur etwas mehr als einen Euro pro Monat.

Bildbearbeitungs-programme für den PC

Das Wesentliche zum Vorschein bringen

Es ist leider eher die Regel als die Ausnahme, dass Aufnahmen den Eindruck, den man einfangen wollte, nur unzureichend wiedergeben. Hat man aber keine gravierenden Fehler gemacht, sind alle Informationen enthalten, die Sie brauchen. Bei der Bildbearbeitung geht es darum, diese möglichst effektiv zu nutzen. Da es von nahezu allen gängigen Bearbeitungsprogrammen Apps gibt und die Hardware leistungsfähig genug ist, kann man seine Fotos direkt auf dem Handy oder dem Tablet optimieren. Apples iPad eignet sich dafür besonders: Details lassen sich mit den Fingern heranzoomen und mit dem Apple Pen kann man pixelgenaue Anpassungen vornehmen.

Testversionen nutzen

Ob für die Urlaubsfotos oder den professionellen Einsatz: Eine gute Bildbearbeitungssoftware braucht so gut wie jeder einmal. Tipp: Probieren Sie vor dem Kauf einer Software stets die Testversionen aus, um zu sehen, ob Sie mit einem Programm zurechtkommen oder nicht!

Photoshop Lightroom von Adobe, die etwas zugänglichere Version der Profibildbearbeitung Photoshop, lässt sich auch als App unter Android und iOS nutzen, ist aber nur im Abo erhältlich. Immerhin gibt es eine 7-Tage-Testversion. Die App des auch von Profis empfohlenen Programms **Affinity** steht der Lightroom-App kaum nach, kostet aber einmalig nur rund 20 Euro. Hilfreich sind die deutschsprachigen Tutorials, über die man in die Grundlagen der Bildbearbeitung eingeführt wird. Beide Programme schauen wir uns in den folgenden Abschnitten etwas genauer an.

Grundlagen von Lightroom CC

Die Programme Photoshop und Lightroom von Adobe gelten als Referenzen im Bereich der Bildbearbeitung. Während Photoshop vor allem im professionellen Bereich zum Einsatz kommt, bietet sich Lightroom als Allround-Lösung für Privatanwender an, die vom Fotografieren über die Bildbearbeitung bis hin zur Verwaltung der Aufnahmen alles bietet. Das „CC" im Namen steht für „Creative Cloud". Damit ist gemeint, dass Adobe Photoshop und Lightroom weniger als lokale Programme versteht, die man installiert und damit alleine und ohne Unterstützung vor sich hin arbeitet, sondern als eine „Software as a Service", also einen Dienst, der ständig weiterentwickelt wird. In der Internet-Cloud bieten sich Mitgliedern der Photoshop- bzw. Lightroom-Community diverse Möglichkeiten der Interaktion. Dort kann man nicht nur seine eigenen Fotos speichern und veröffentlichen, sondern sich unter anderem Tutorials anschauen und sich Unterstützung und Anregung von anderen Fotografinnen und Fotografen holen.

Der Nachteil ist, dass der volle Funktionsumfang beider Programme nur im Abo erhältlich ist. Ein einmaliger Kauf der Software ist nicht mehr möglich. Derzeit stehen drei Optionen zur Wahl:

- Das Foto-Abo Variante 1 kostet rund 12 Euro im Monat und bietet Photoshop CC und Lightroom CC sowie die klassische Version von Lightroom, die sich Lightroom Classic CC nennt. Für das Speichern Ihrer Aufnahmen stehen Ihnen 20 GB Cloud-Speicher zur Verfügung.
- Das Foto-Abo Variante 2 beinhaltet die gleichen Programme inklusive einem Terabyte (1 TB = 1.000 GB) Cloud-Speicher. Es kostet knapp 24 Euro im Monat.
- Das Lightroom CC-Abo bietet nur Lightroom CC mit einem TB Speicher für rund 12 Euro monatlich.

Für Smartphone-Fotografen bietet sich die dritte Variante an. Lightroom CC umfasst mehr als genug Möglichkeiten, zumal für den privaten Einsatz. Die riesige Speichermenge ist eine großartige Sache zum Archivieren all Ihrer Aufnahmen.

Tipp. Die mobile Version für Android und iOS ist kostenlos, auch wenn bestimmte Funktionen nur von Abonnenten genutzt werden können. Insbesondere die Möglichkeiten der Cloud-Anbindung sind zahlenden Mitgliedern der Lightroom-Community vorbehalten. Ziehen Sie den einmaligen Kauf eines Programms vor, bietet „Affinity Photo" (siehe ► Seite 127ff) eine gute Alternative.

Ein Programm – verschiedene Versionen

Einer der größten Vorteile von Lightroom CC ist, dass es die App für alle gängigen Geräte gibt – also für PC, Mac, Android-Smartphones und -Tablets und natürlich auch für iPhone und iPad. Sie können alle Apps mit einem einzelnen Abo-Konto nutzen und geräteübergreifend damit arbeiten. Ein Anwendungsbeispiel:

- Machen Sie mit Ihrem Smartphone eine Aufnahme mit der Lightroom-App für Android und iOS, dann wird das Bild automatisch in der Adobe-Cloud in Ihrem Konto gespeichert.
- Alternativ können Sie in einer beliebigen anderen App ein Foto auswählen, auf „Teilen" tippen und dann „Zu Lr hinzufügen" wählen. Lightroom muss dazu ebenfalls auf Ihrem Smartphone installiert sein.
- Öffnen Sie nun die unter www.adobe.com/de/products/photoshop-lightroom.html heruntergeladene Desktop-Version von Lightroom CC.

Mit "Teilen" kommen Bilder aus der Cloud auf den PC

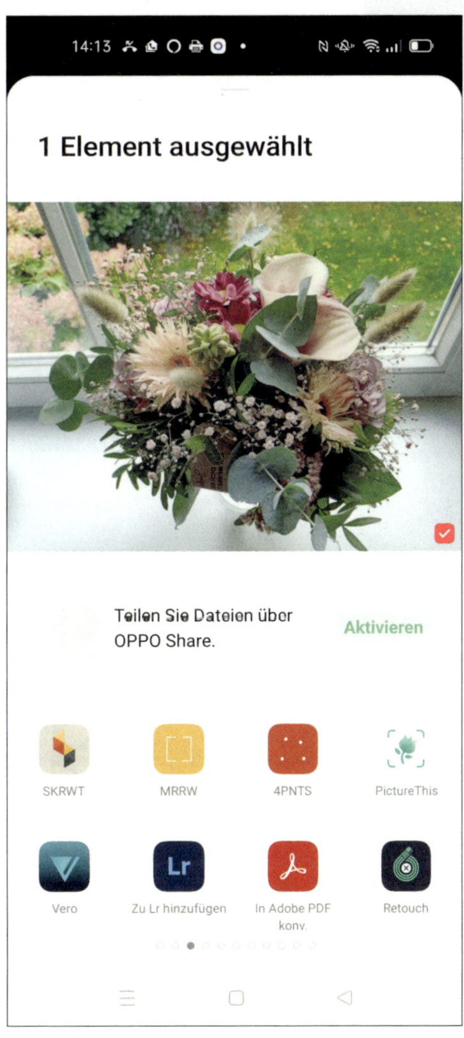

- Unter „Alle Fotos“ und „Zuletzt hinzugefügt“ finden Sie nun das mit Ihrem Smartphone aufgenommene Bild und können es direkt bearbeiten.
- Natürlich können Sie auch Fotos in Lightroom laden, die auf Ihrem PC, einer externen Festplatte, einem Speicherstick oder einer Speicherkarte abgelegt sind. Dazu klicken Sie oben rechts auf „Fotos hinzufügen“ und wählen den Ort aus, an dem das Foto gespeichert ist.

Lightroom unterstützt die Dateiformate JPEG, RAW, DNG, TIFF und Photoshop-PSD.

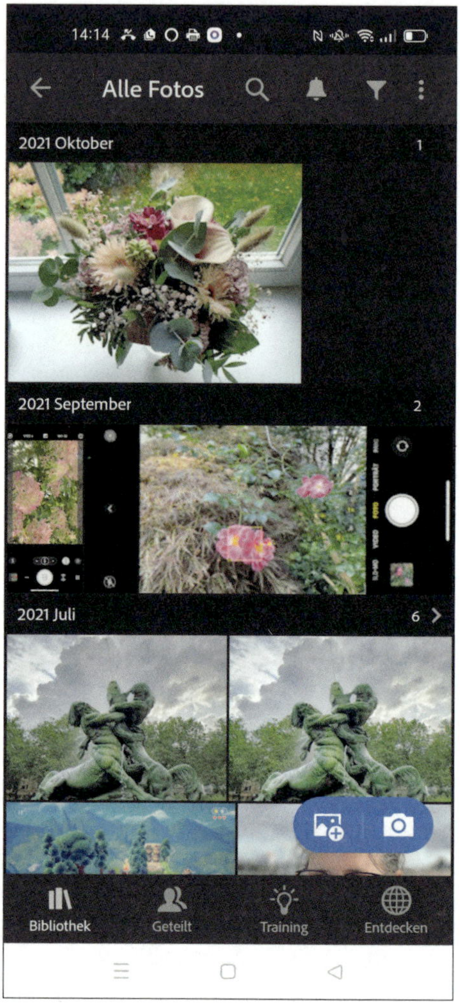

In der „Bibliothek“ finden Sie alle Ihre Fotos

Fotos bearbeiten mit der Lightroom-App

Die App unterstützt die HDR-Technik, also Bilder mit „hohem Dynamikumfang“ (siehe „HDR“,► Seite 44f). Je nach Know-how und Anspruch reichen die Möglichkeiten von einfachen Vorgaben bis hin zu leistungsstarken, fortgeschrittenen Korrekturen. Fünf „Live-Presets" zeigen schon im Sucher, wie das Bild später aussehen wird. Die Basis-App ist gratis, erweiterte Funktionen sind Abonnenten von Adobes „Creative Cloud" vorbehalten, etwa das geräteübergreifende Synchronisieren, das Bearbeiten von Rohdaten („RAW") oder lokale Korrekturen, mit denen Belichtung, Helligkeit, Klarheit und andere Parameter in bestimmten Bereichen eines Bildes angepasst werden können.

- Tippen Sie in der Menüleiste unten rechts auf die Registerkarte „Licht", um Tonwertkorrekturen vorzunehmen.
- Mit „Belichtung" können Sie die Helligkeit der gesamten Aufnahme anpassen.
- „Kontrast" regelt, wie stark die hellsten und dunkelsten Töne sich voneinander absetzen.
- „Lichter" bezieht sich ausschließlich auf die hellen Bereiche Ihres Bildes. Sie können sie entweder aufhellen oder abdunkeln. Hier erweist es sich als Vorteil, wenn Sie eine RAW-Aufnahme (siehe „RAW", ► Seite 26ff) gemacht haben. Sind bestimmte Bilddetails in überbelichteten Bereichen verloren gegangen, können Sie sie durch Anpassung der Werte wiederherstellen.
- „Tiefen" bezieht sich auf die dunkleren Bereiche der Aufnahme, die Sie analog zu den hellen Bereichen wie oben beschrieben anpassen können, um den Gesamteindruck der Aufnahme zu verbessern.
- Schieben Sie den Regler unter „Weiß" nach rechts, werden alle Farben in Richtung Weiß angepasst – bis sie im extremsten Fall ganz weiß erscheinen.
- Schieben Sie den Regler „Schwarz" nach rechts, werden die Farben in Richtung Schwarz angepasst.

Tipp. Möchten Sie nur einen begrenzten Teil des Fotos anpassen, klicken Sie in der Menüleiste ganz links auf „Selektiv", wählen die ungefähre Form des anzupassenden Bereichs und tippen auf den betreffenden Bildbereich. Die Änderungen werden dann nur dort wirksam.

Streichen Sie in der Menüleiste mit dem Finger von rechts nach links, um zu weiteren Registerkarten zu gelangen.

- Die Registerkarte „Farbe" betrifft alle Farbeigenschaften Ihres Fotos. „Dynamik" beispielsweise beeinflusst die Intensität der Farben. Hauttöne werden beibehalten, weil sonst ein allzu unnatürlicher Eindruck entstehen könnte. Sie können also die Farben des gesamten Bildes anpassen, ohne dass die Gesichter auf der Aufnahme zu sehender Personen verändert werden.
- Mit „Effekte" können Sie Parameter wie „Struktur" oder „Klarheit" anpassen oder die Aufnahme mit einer „Vignettierung" (siehe Kasten unten) versehen.
- „Presets" (= Vorgaben) sind eine gute Möglichkeit, insbesondere für Einsteiger, grundlegende Bildparameter anzupassen. Die künstliche Intelligenz macht hier in der Regel einen guten Job. Im Gegensatz zur Funktion „Auto", die einfach versucht, die mehr oder minder perfekten Einstellungen zu finden, können Sie bei den Presets selbst den gewünschten Gesamteindruck und die Atmosphäre des Bildes festlegen. Ebenso wie ein automatisch verbessertes Bild können Sie die Presets zusätzlich manuell anpassen.

Tipp. Tippen Sie in der Registerkarte „Presets" rechts oberhalb des Bildes auf die weiß unterlegten vertikalen Punkte, um ein eigenes Preset zu erstellen, das Sie später bei Bedarf auf andere Fotos anwenden können.

Vignettierung

Als Vignettierung (frz. vignette „Randverzierung", „Abzeichen") bezeichnet man in der Fototechnik eine Abschattung zum Bildrand hin (Randlichtabfall). Ein solcher Randlichtabfall kann ein ungewollter Effekt sein, aber auch absichtlich zur Verzierung verwendet werden und das Bild dann wie ein Rahmen einfassen.

Fotos bearbeiten mit Lightroom für den PC

Komfortabler und im Vergleich zu den mobilen Versionen mit deutlich mehr Möglichkeiten ausgestattet ist die Desktop-Version von Lightroom CC. Die automatische Bildoptimierung (zu finden unter „Verbessern") verwendet maschinelles Lernen. Neuerdings lässt sich optional „Super-Auflösung" aktivieren, was zur Verdoppelung der Bildauflösung führt. Das bietet sich beispielsweise an, wenn Sie ein Bild als Poster ausdrucken lassen möchten, beansprucht aber natürlich auch viel mehr Speicherplatz.

Die wichtigsten Funktionen

Lightroom für den PC/Mac eignet sich als Bildbetrachter, mit dem sich auch Diashows und Präsentationen in allen gängigen Fotoformaten erstellen lassen. Das Programm beinhaltet diverse Verwaltungsfunktionen, mit denen Sie Bilder wie in einem Katalog ordnen können, sowie eine Bildersuche per Stichwort. Suchkriterien können Motive oder Personen sein, aber auch technische Parameter wie Verschlusszeit oder Brennweite. Insbesondere auch für Handyfotografen interessant: Über das sogenannte Geo-Tagging kann man sich in Lightroom auf einer Karte anzeigen lassen, wo genau das Foto geschossen worden ist. Das dafür nötige GPS-Modul ist in jedem Smartphone bereits vorhanden.

Kern des Programms sind aber die Bearbeitungsfunktionen, die von einfach bis sehr komplex reichen.

Ein schlecht belichtetes Foto aufhellen

Aus den bereits erörterten Gründen werden Sie häufiger in Innenräumen oder bei bedecktem Himmel aufgenommene Bilder aufhellen müssen.

- Klicken Sie auf „Bearbeiten" oben rechts.
- In der Rubrik „Licht" hellen Sie das gesamte Bild auf, indem Sie den Regler etwas nach rechts ziehen. Hierbei sollten Sie darauf

achten, dass Sie besonders helle Bereiche sowie eventuell vorhandene Glanzlichter nicht überbelichten.

- Erhöhen Sie danach über „Kontrast" den Unterschied zwischen hellen und dunklen Bereichen, um die Details klarer hervortreten zu lassen.
- Da Sie im ersten Bearbeitungsschritt alle Bildbereiche ohne Unterschied aufgehellt haben, sollten Sie mit „Lichter" nun die hellen Töne etwas abdunkeln, das heißt den Wert vermindern, und
- mit „Tiefen" die dunklen Bereiche noch etwas weiter aufhellen.
- Hellen Sie nun die Weißtöne etwas auf und
- dunkeln Sie die Schwarztöne ab, um das gesamte Bild schärfer erscheinen zu lassen.

Farbkorrekturen

Um die Farben eines Fotos zu korrigieren

- klicken Sie auf „Bearbeiten" oben rechts und scrollen Sie etwas nach unten zum Bereich „Farbe".
- Neben „Weißabgleich" finden Sie ein Ausklappmenü.
- Die einfachste Möglichkeit ist die Einstellung „Automatisch". An unterhalb der Menüleiste erscheinenden Skalen können Sie nachvollziehen., wie die Werte für „Temperatur", „Tönung", „Dynamik" und „Sättigung" angepasst wurden und können sie bei Bedarf korrigieren.
- Über den „Farbmischer" können Sie danach einzelne Farbwerte nach Ihren Vorstellungen anpassen.
- Mit „Colour-Grading" geht es bereits in die Feinjustierung. Die dort zusammengefassten Funktionen dienen dazu, den hellen und dunklen Bereichen einen leichten Farbstich zu verleihen, um ihre Wirkung im Gesamtbild zu erhöhen.
- Unter „Effekte" können Sie Ihrem Bild den letzten Schliff verpassen.

Tipp. Links neben der Werkzeugleiste auf der rechten Seite findet sich ein kleines Symbol, das einen geteilten Bildschirm darstellt. Klicken Sie darauf, um sich anzeigen zu lassen, wie die ursprüngliche, unbearbeitete Aufnahme ausgesehen hat. Alternativ betätigen Sie die Punkt-Taste auf Ihrer Tastatur.

Grundlagen von Affinity Photo

„Affinity Photo" nimmt zwischen teurer und inzwischen meist nur noch als Abo erhältlicher Profi-Software und dem bekannten Gratis-Programm **GIMP** eine Zwischenposition ein. Affinity bietet alles, was man von einem Programm dieser Art erwarten kann, bleibt aber stets klar strukturiert und weitgehend selbsterklärend. Für Funktionen, die sich nicht von selbst verstehen, gibt es unter „Hilfe" und auf der Webseite des Anbieters zahlreiche anschauliche Tutorial-Videos (leider nur in englischer Sprache, aber deutsch untertitelt). Dort finden sich darüber hinaus zahlreiche weitere Design- und Gestaltungstools. Für einen vergleichsweise schmalen Preis bekommt man hier eine einsteigerfreundliche Profisoftware mit riesigem Umfang.

Die folgenden Abschnitte werden Ihnen helfen, sich einen ersten Überblick zu verschaffen und direkt mit der Bearbeitung Ihrer Fotos loszulegen.

Die linke Seite der Symbolleiste bietet alles, was Sie für den Einstieg brauchen

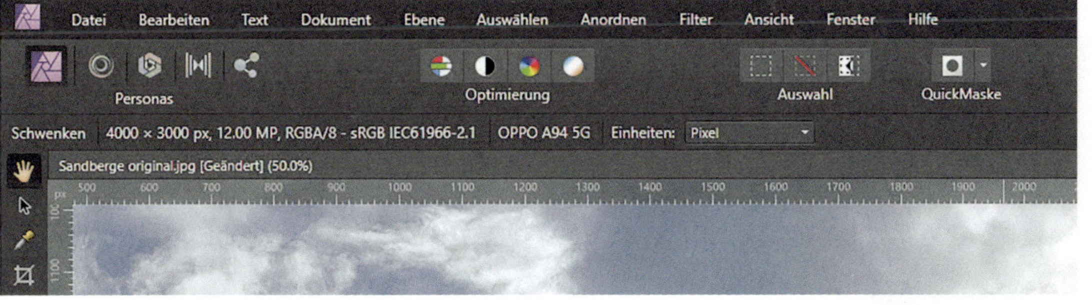

Erste Schritte mit Affinty

Oben links in der Symbolleiste finden Sie fünf Schaltflächen, die Sie zu ganz unterschiedlichen Arbeitsbereichen führen. Warum sie „Personas" genannt werden, erschließt sich nicht unbedingt, aber das spielt an dieser Stelle auch keine Rolle.

Standardmäßig geöffnet ist die „**Photo Persona**", die Schaltfläche hat als Symbol das Affinity-Logo. Hier haben Sie alle grundlegenden Bearbeitungsoptionen, sodass Sie im Grunde allein mit diesem Bearbeitungsbereich zurechtkommen sollten.

Tipp. Bilder, die Sie einmal mit Affinity geöffnet oder bearbeitet haben, werden im Affinity-Format abgelegt. Das ist zugegebenermaßen etwas lästig, unter anderem, weil Sie im Datei-Explorer nicht erkennen, welches Bildformat tatsächlich dahintersteckt. Möchten Sie ein anderes Format wählen, klicken Sie auf Datei und dort statt auf „Speichern" oder „Speichern unter" auf „Exportieren" oder betätigen Sie alternativ die Tastenkombination „STRG + ALT + Umschalten + S" und wählen Sie nun in den automatisch geöffneten „Exporteinstellungen" das gewünschte Format. Praktischerweise können Sie hier auch über den Schieberegler die Bildqualität herabsetzen, wenn Sie das Foto platzsparend speichern, auf einer Webseite verwenden oder versenden möchten.

Rechts daneben befindet sich der Bereich „**Liquify Persona**". Sie können damit Ihr Foto oder Bereiche davon frei verformen. So können Sie etwa an einem eigentlich ruhigen Himmel mit zwei bis drei Klicks einen kleinen Wirbelsturm entfachen. Auch bei Porträts können Sie damit ein paar originelle Effekte erzielen. Allzu oft brauchen werden Sie die Option eher nicht. Wichtig ist, dass Sie, um den Arbeitsbereich zu verlassen, oben links zunächst entweder auf „Anwenden" oder auf „Abbrechen" klicken müssen.

In der Mitte befindet sich der Bereich „**Develop Persona**". Er wird automatisch geöffnet, wenn Sie Ihr Foto im RAW-Format (► Seite 26ff) geschossen haben, und bietet diverse Entwicklungsfunktionen.

„**Tone Mapping Persona**" rechts daneben ist ein wichtiger Arbeitsbereich, in dem Sie Tonwerte – also etwa Kontrast oder Helligkeit – anpassen können. Links finden Sie eine Leiste mit Vorschlägen, die Sie anklicken und so übernehmen können. Auf der rechten Seite sehen

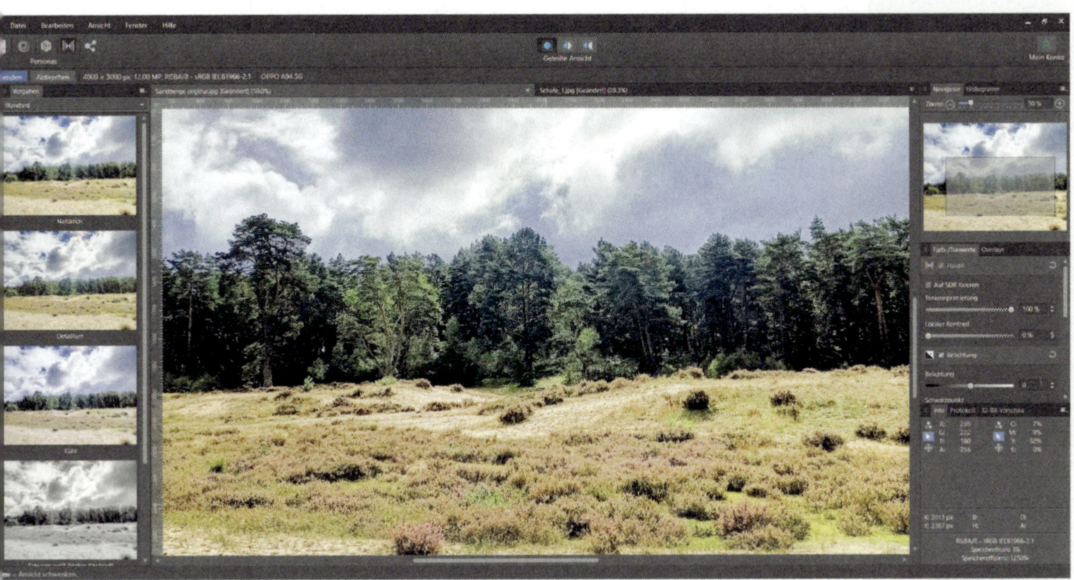

Die Tone Mapping Persona von Affinity

Sie, welche Veränderungen vorgenommen wurden, um ein bestimmtes Ergebnis zu erzielen, und können diese manuell anpassen. Das ist sehr hilfreich, wenn Sie noch etwas ungeübt mit der Bildbearbeitung sind, da sich hier sehr gut nachvollziehen lässt, welche Parameter welche Auswirkungen auf das Bild haben. Um den Bereich zu verlassen, müssen Sie wie üblich oben rechts entweder „Anwenden" oder „Abbrechen" wählen.

Ganz rechts schließlich finden Sie „**Export Persona**" mit Optionen, das Foto nach der Bearbeitung zu exportieren – zum Beispiel in ein bestimmtes Dateiformat.

Tipp. Unter Umständen verlangt Affinity beim Wechsel in einen anderen Bereich, dass Sie eine bestimmte Ebene auswählen. Das bezieht sich auf das Arbeiten mit verschiedenen Bildebenen und geschieht auch dann, wenn Sie nur mit einer Ebene arbeiten. Klicken Sie in diesem Fall rechts – etwa in der Mitte – die Bildebene an, die sich dann blau färbt.

Direkt unterhalb der Symbolleiste sehen Sie, mit welcher Kamera und mit welchen Einstellungen das geöffnete Bild geschossen, in welchem Bildformat es gespeichert und ob es verändert wurde. Mehrere geöffnete Bilder werden wie Webseiten in aktuellen Browsern in Form von Registerkarten organisiert.

Gewöhnungsbedürftig: Fotos müssen bei Affinity exportiert werden, um sie in einem bestimmten Bildformat speichern zu können (rechts)

Oberhalb des Fotos, direkt unter den wichtigsten Funktionsleisten finden Sie wichtige Bildinformationen – unter anderem zum Gerät, mit dem sie aufgenommen wurden (unten)

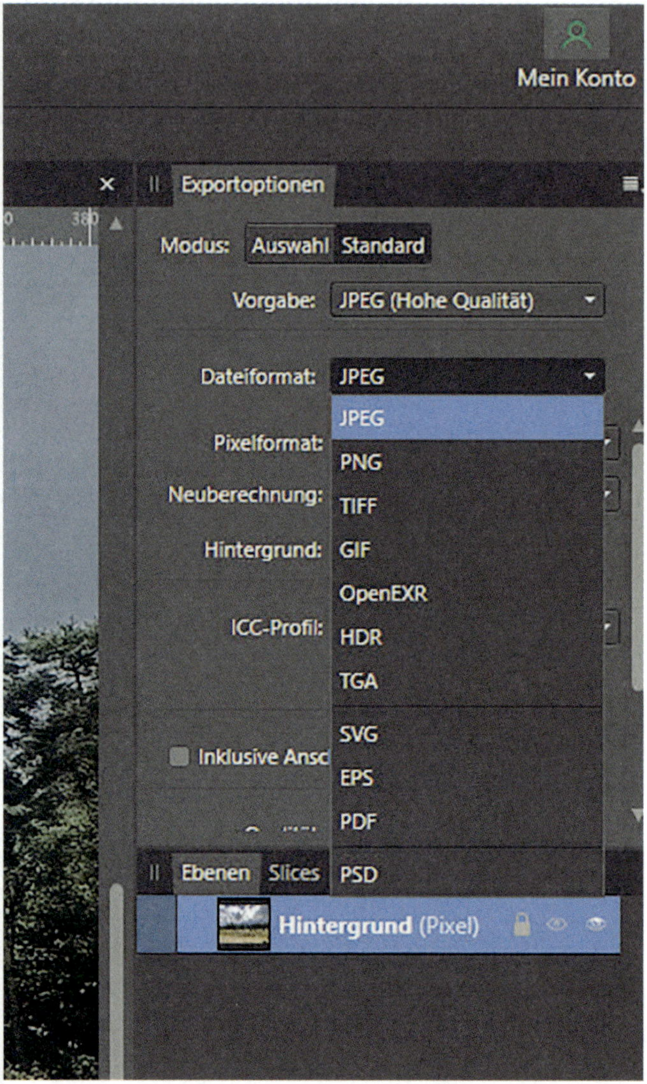

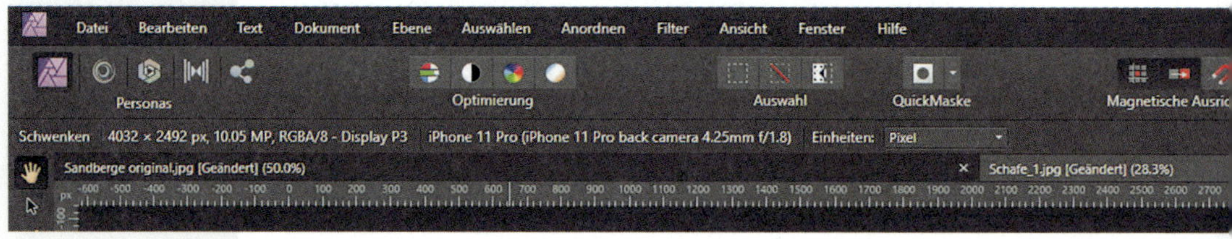

Automatische Bearbeitung mit Affinity

Wenn Sie sich nicht lange mit der Bearbeitung aufhalten wollen, bietet Affinity Ihnen insgesamt vier automatische Bearbeitungsmöglichkeiten. Die vier Schaltflächen finden Sie bei aktiviertem „Photo Persona" (siehe oben) rechts neben der Persona-Leiste in der Leiste „Optimierung". Es gibt die automatische Tonwert-, Kontrast- und Farbkorrektur. Einen großen Einfluss auf die Stimmung der Fotos hat der Weißabgleich. Hierbei wird versucht, eventuell vorhandene Farbstiche zu entfernen und eine neutrale Wiedergabe zu erreichen. Da man eine gewisse Tonalität manchmal aber anstrebt, geht das mitunter nach hinten los. Zum Glück haben Sie mehrere Möglichkeiten, eine missglückte Autokorrektur nachträglich zu revidieren oder zu korrigieren.

Manuelle Anpassung der Bildeigenschaften

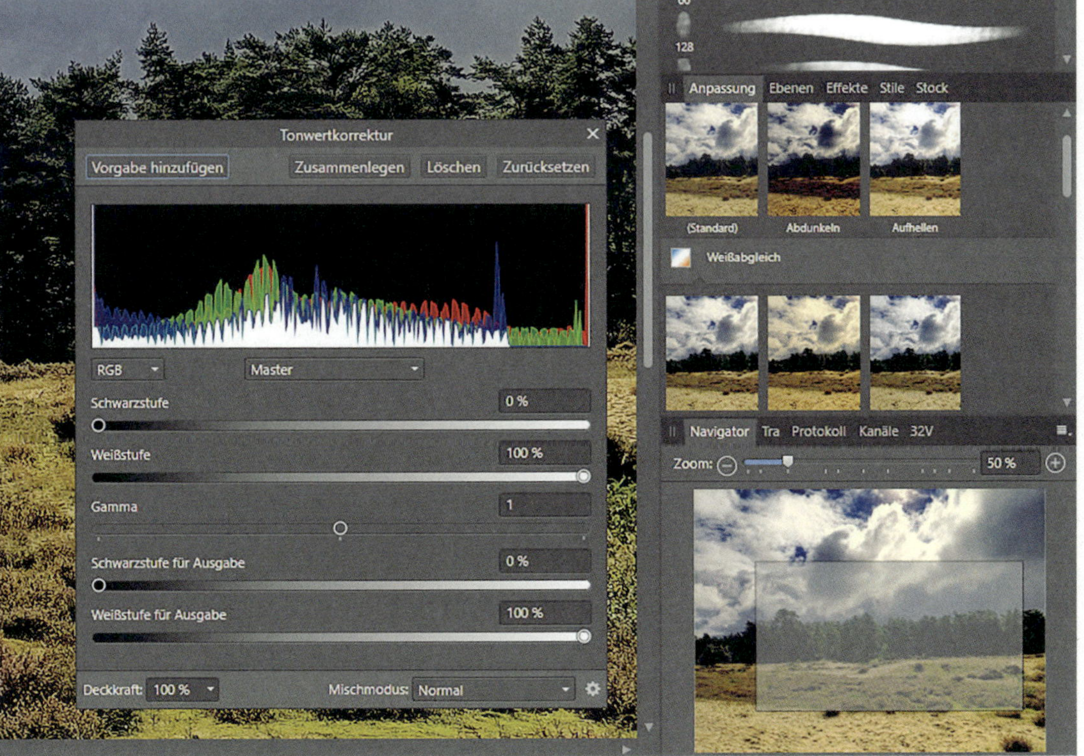

- Klicken Sie oben links in der Menüleiste auf „Bearbeiten" und „Rückgängig" oder nutzen Sie alternativ die Tastenkombination STRG + Z, um eine Änderung komplett rückgängig zu machen. Das funktioniert auch für mehrere Arbeitsschritte, indem Sie diese Operation einfach mehrmals durchführen.
- Auf der rechten Seite, etwa in der Mitte der breiten Bearbeitungsleiste, finden Sie außerdem alle Bearbeitungskategorien wie „Tonwertkorrektur", „Weißabgleich" und viele mehr. Sie können nun eine von drei Vorgaben auswählen, wobei die erste mit der Bezeichnung „Standard" dem aktuellen Stand der Bearbeitung entspricht. Sobald Sie eine Vorlage ausgewählt haben, erscheint ein zusätzliches Menü mit diversen Reglern für Feinabstimmungen. Es lohnt sich, dort ein bisschen zu experimentieren, um zu sehen, welche Möglichkeiten das Programm bietet. Um es vorwegzunehmen: Es sind wirklich viele!

Tipp. Alle Änderungen lassen sich zwar wieder rückgängig machen, trotzdem hat es sich bewährt, eine Kopie des Originals anzufertigen. Speichern Sie beispielsweise über „Datei" und „Exportieren" das Foto unter einem Namen wie „Strand Original" ab und wählen Sie nach der Bearbeitung beim Exportieren einfach einen anderen Namen.

Manuelle Bearbeitung mit Affinity

Eine Möglichkeit, die Einstellungen manuell anzupassen, haben Sie in den vorigen Abschnitten bereits kennengelernt. Über die dort erwähnte Bearbeitungsleiste auf der rechten Seite können Sie auch ohne vorherige automatische Optimierung mit der Bearbeitung loslegen. Dabei, Ihr Foto selbst zu beurteilen, hilft Ihnen das Histogramm. Um es anzuzeigen, muss oben das Register „Histogramm" angeklickt sein. Anhand der angezeigten drei Farbkanäle sehen Sie, wie die Farben und Helligkeiten in Ihrem Foto verteilt sind. Der Tonwertbereich sollte sich über die gesamte Breite des Histogramms erstrecken – ohne größere Lücken auf der linken oder rechten Seite. Zeigt sich beispielsweise auf der rechten Seite ein größeres Loch, ist das Foto vermutlich insgesamt zu dunkel geraten.

Sehr viele weitere Bearbeitungsoptionen finden sich in der linken, schmäleren Bearbeitungsleiste. Am häufigsten werden Sie vermutlich die Option „Zuschneiden" brauchen. Es ist das dritte Icon von oben. Tippen Sie darauf, klicken Sie mit der linken Maustaste ins Bild und ziehen Sie einen Auswahlrahmen. Lassen Sie los, wenn Sie fertig sind und dann oben links auf „Anwenden" (oder auf „Abbrechen", falls Sie sich vertan haben).

Die Zuschneiden-Funktion

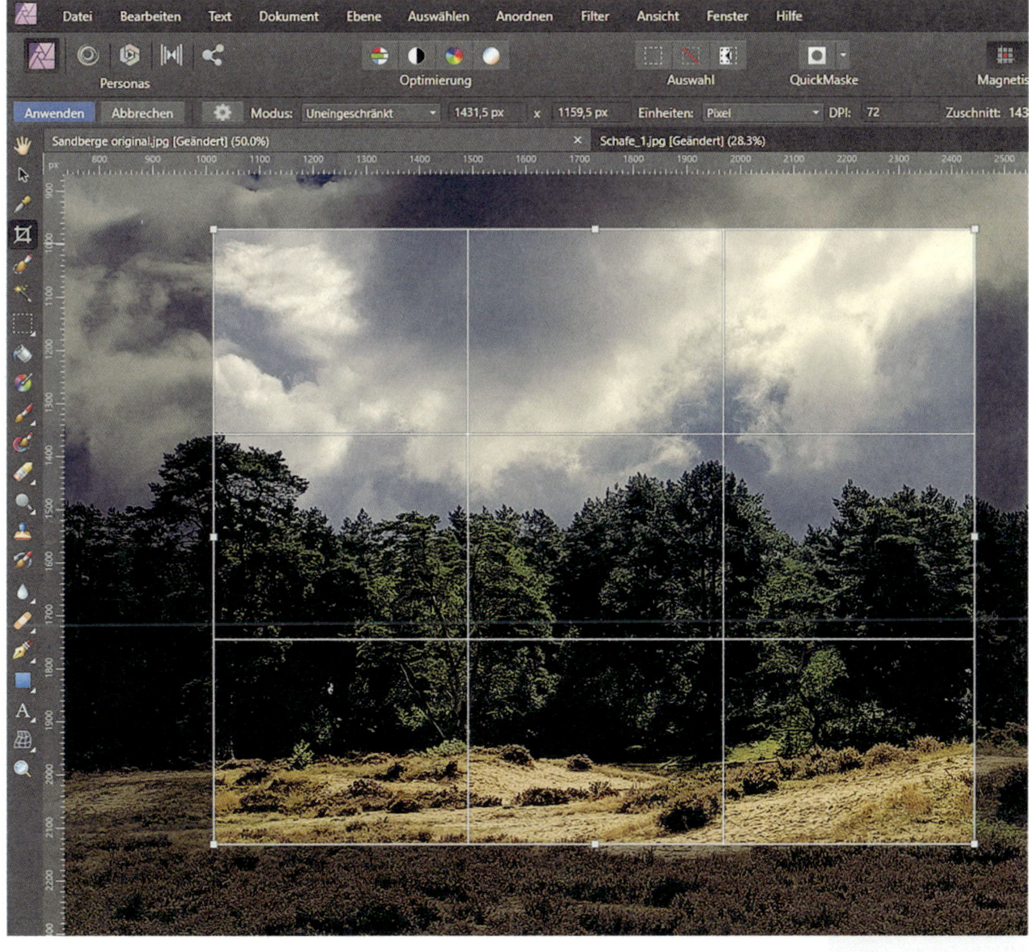

Objekte klonen

Eine Funktion, die Sie vermutlich nicht oft brauchen, an der Sie aber viel Spaß haben werden, ist das Klonen. Das Icon befindet sich in der linken Bearbeitungsleiste etwas unterhalb der Mitte. Es handelt sich um das Stempel-Icon. Klicken Sie darauf und nehmen Sie in der nun erscheinenden horizontalen Menüleiste direkt über dem Bild einige Einstellungen vor. Wichtig sind die Pinselbreite (abhängig von dem Bildelement, das Sie klonen wollen) und die Deckkraft (wenn Sie tatsächlich Objekte duplizieren wollen 100 %).

Wunderbare Kuhvermehrung: Tatsächlich handelt es sich drei Mal um dasselbe Tier

Sind Sie zum Beispiel der Meinung, dass es auf dieser Weide zu wenig Kühe gibt, drücken Sie die ALT-Taste und klicken Sie nun einmal auf die

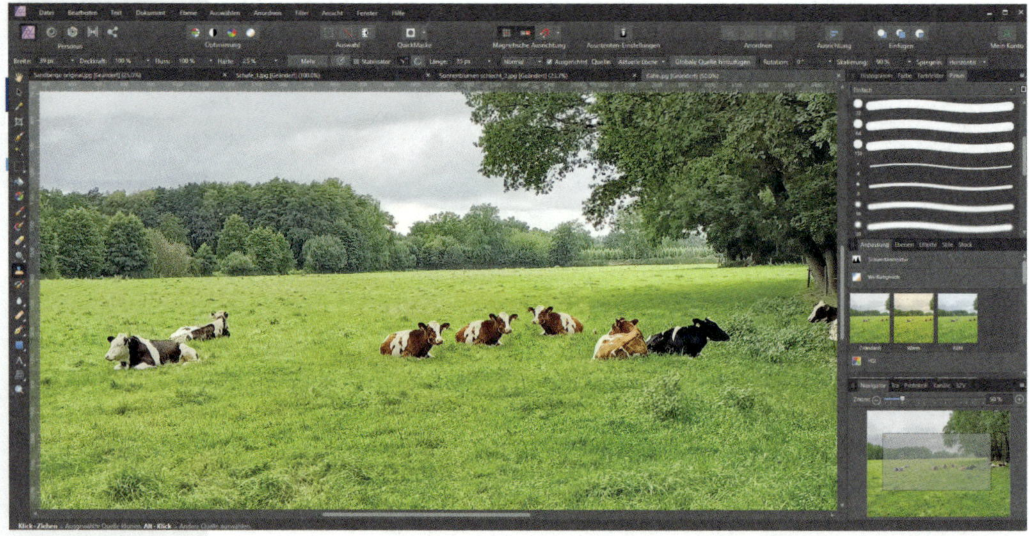

mittlere Kuh. Ein kleines Kreuz erscheint. Lassen Sie die ALT-Taste los. Die Kuh ist jetzt geklont. Setzen Sie die Skalierung nun auf 90 %, da wir die Klon-Kuh etwas weiter nach hinten setzen wollen. Malen Sie jetzt mit dem Pinsel die zweite Kuh an den gewünschten Ort. Soll die Kuh eine andere Position haben – damit unsere kleine Manipulation nicht ganz so schnell auffällt – stellen Sie das Ausklappmenü unter „Spiegeln" vorher auf „Horizontal".

Tipp. Das Ganze funktioniert bildübergreifend. Klicken Sie dazu in der Menüleiste über dem Bild auf „Globale Quelle hinzufügen", wählen Sie die neue Quelle aus und wechseln Sie das Bild. Nun können Sie unsere Klon-Kuh auch in ein anderes Bild „einbauen".

Bildfehler reparieren

Das Ergebnis finden wir nun so gut, dass wir die Originalkuh kurzerhand entfernen – aber natürlich auch, um das „Reparieren"-Tool zu demonstrieren. Damit können Sie nämlich auch unerwünschte Objekte oder Bildfehler aus Fotos entfernen. Im Grunde funktioniert das exakt wie beim Klonen, nur dass Sie nun das „Reparieren"-Icon anklicken, also das Pflaster in der linken Bearbeitungsleiste. Vergrößern Sie Ihren Bildausschnitt zunächst, indem Sie die STRG-Taste gedrückt halten und mehrmals auf + im Ziffernblock drücken (alternativ benutzen Sie in der Menüleiste ganz oben „Ansicht" und dann „Zoom"). Wählen Sie nun mit gedrückter ALT-Taste ein Stück Gras aus, lassen Sie die ALT-Taste los und übermalen Sie die Kuh. Zoomen Sie mit STRG und – wieder heraus und schauen Sie sich das Ergebnis an.

Unser „Bildfehler", die Originalkuh, ist verschwunden. Am Himmel sieht man den Korrekturstempel mit der „geklonten" Wiese

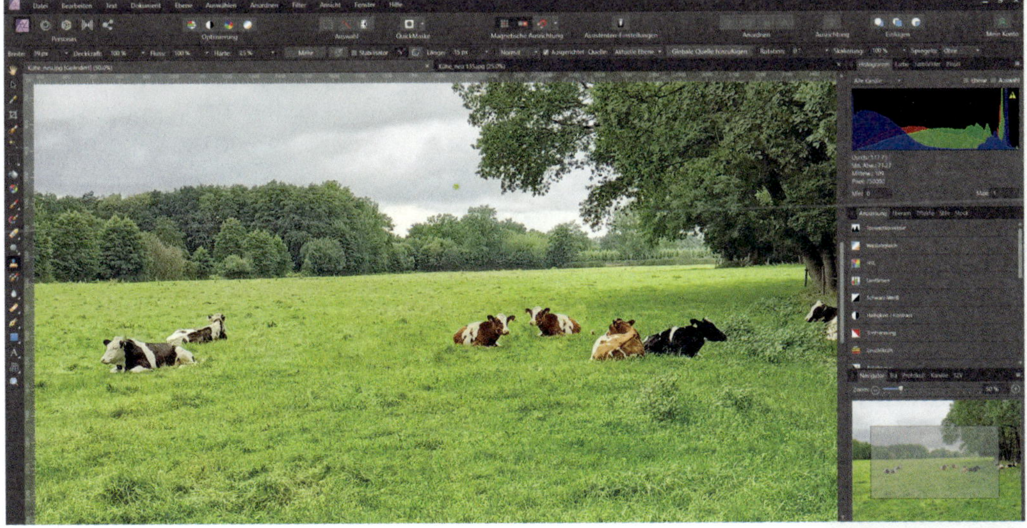

Tipp. Eventuell gelingt Ihnen die Operation mit weniger Deckkraft oder einem weicheren Pinsel besser. Experimentieren Sie damit, Sie werden sehen, Sie werden mit der Zeit immer besser darin werden.

Google Fotos und die Alternativen

Um unterwegs geschossene Fotos heil nach Haus zu bekommen, musste man früher einige Vorkehrungen treffen. Heute fotografiert man digital, was den Vorteil hat, dass man sie schon aus der Ferne in die Internet-Cloud hochladen kann. Aktuelle Digitalkameras bieten die Option, sich mit einem drahtlosen Netzwerk (WLAN/WiFi) zu verbinden. Alternativ schließt man die Kamera per USB-Kabel an einen internetfähigen Computer an. Wer mit dem Handy knipst, kann einen Autoupload veranlassen. Dann wird jedes neue Bild direkt auf einem externen Server gesichert. Unter iOS geht das über die „Einstellungen", „Fotos" und „iCloud-Fotos". Achten Sie darauf, dass die Option „Mobile Daten" ausgeschaltet ist. Dann wird nur über WLAN synchronisiert, um unerwartete Kosten zu vermeiden. Praktisch: Sobald der meist knappe Speicherplatz auf iPhone oder iPad zur Neige geht, werden die Aufnahmen automatisch komprimiert. Die Originale kann man später aus dem Online-Speicher herunterladen. 5 GB sind gratis, eine Verzehnfachung kostet 99 Cent im Monat – da kann man schon eine ganze Menge Bilder „parken".

Ganze 15 GB stehen pro Google-Drive-Konto zur Verfügung, allerdings werden davon auch über die „Back-up & Sync"-Funktion gesicherte Dateien und Dokumente abgezogen. Seit einiger Zeit sind in Originalqualität hochgeladene Fotos auch nicht mehr uneingeschränkt gratis, sondern belasten nun den Cloud-Speicher. Das gilt nicht für Fotos, die man bereits im Google Drive gespeichert hat. Um ein Überlaufen des Speichers zu verhindern, sollten Sie in der „Fotos"-App über die „Google Fotos-Einstellungen" (erreichbar über das Profilbild oben rechts) und „Back-up & Sync" die Fotoqualität auf „Speicherplatz sparen" stellen. Die Bilder werden dann auf 16 MP komprimiert, was noch gute Abzüge bis zu 60 x 40 cm ermöglicht. Alternativ kann man Speicherplatz hinzukaufen. 100 GB kosten 1,99 Euro im Monat. Stellen Sie auch hier

Cloud statt Schuhkarton: Speichern und verwalten

Dass man heute praktisch überall mit dem Internet verbunden ist, ermöglicht gerätübergreifendes Arbeiten, ganz ohne dass man dazu umständlich mit Speicherkarten hantieren muss. Voraussetzung ist, dass man seine Aufnahmen einem Cloud-Dienst wie iCloud, Google Drive, OneDrive oder Dropbox anvertraut. So gut wie alle Foto-Apps bieten die Möglichkeit, über die „Teilen"-Funktion an jedem beliebigen Ort zu speichern. Eine Schattenseite dieser Freiheit: Das Fotoarchiv wächst mit der Zeit dramatisch an. Um die Bilderflut in den Griff zu bekommen, hilft ein PC-Programm wie **Ashampoo Foto Commander 16**. Die rund 15 Euro sind gut angelegt, da die Software lokale wie externe Speicher selbstständig nach Bilddateien durchforstet und beim Sortieren und Archivieren hilft. Es kann diese darüber hinaus in andere Formate umwandeln, labeln, sichern und viele mehr. Eine kostenlose, ebenfalls sehr vielseitige Lösung für PCs ist **XnView MP** (www.xnview.com/de/xnviewmp). Damit kann man seine Aufnahmen unter anderem in Kategorien einordnen und farblich kennzeichnen. Darüber hinaus helfen beide Programme dabei, die eigenen Werke zu sichern und Backups zu erstellen. Schließlich ist nichts ärgerlicher, als wenn unwiederbringliche Aufnahmen durch Unachtsamkeit, einen technischen Defekt oder Computerschädlinge verloren gehen und damit all die Mühe umsonst war.

sicher, dass die Option „Fotos über mobile Daten sichern" deaktiviert ist. Unter der Adresse https://photos.google.com/quotamanagement können Sie den verfügbaren Speicherplatz bequem am PC verwalten. Laden Sie ältere Fotos auf einen Datenträger herunter, um wieder Platz für Neues zu schaffen.

Die gute Nachricht ist, dass Sie, unabhängig vom verwendeten Endgerät, hinsichtlich der Wahl Ihres Cloud-Speichers frei sind. Haben Sie beispielsweise ein Amazon-Prime-Abo, können Sie Ihre Fotos unbegrenzt in die Amazon-Cloud hochladen und sie als Dia-Show auf einem Echo-Show-Gerät anzeigen lassen. Sind Sie Office-365-Abonnent können Sie Ihren OneDrive-Speicher mit bis zu 2 Terabyte – das sind stattliche 2.000 GB – vollpacken. Das sollte selbst für eifrige Fotografen erst einmal reichen. Den Autoupload aktiviert man direkt über die App des jeweiligen Anbieters. Extra-Services wie etwa eine verschlüsselte Übertragung oder das Teilen von Aufnahmen sind von Anbieter zu Anbieter unterschiedlich und einen genaueren Blick wert.

Papierbilder digitalisieren

Scannen mit dem Smartphone

Urlaubsbilder, Hochzeits- und Klassenfotos, Schnappschüsse. Wie viele unwiederbringliche Erinnerungen mögen in Schubladen, Schuhkartons und Sammelalben schlummern? Ihnen allen droht früher oder später das Aus. Denn leider sind analoge Fotomaterialien nicht für die Ewigkeit gemacht. Licht, Feuchtigkeit, Schmutz und chemische Reaktionen lassen die Bilder unaufhaltsam verblassen oder machen sie durch Farbstich unansehnlich. Besser früher als später sollte man sich daher dazu aufraffen, die Schätze zu bergen und dauerhaft zu archivieren, kurz: zu digitalisieren.

Falls vorhanden, kann man dafür einen Scanner verwenden (siehe unten). Der einfachste Weg zu digitalisierten Fotos ist freilich, die analogen Vorlagen abzufotografieren. Dafür reicht sogar die Handykamera aus. Ab zwölf Megapixel ist die Auflösung hoch genug, damit man aus den Aufnahmen später auch größere Ausdrucke in DIN A4 machen kann. Aktuelle Smartphones bringen es sogar auf 48 und mehr Megapixel. Dabei ist allerdings zu beachten, dass man damit größere Datenmengen erzeugt und das komplett eingescannte Fotoarchiv entsprechend viel Speicherplatz erfordert.

So oder so benutzt man zum Abfotografieren am besten ein Stativ. Ein kleines Dreibeinstativ (Tripod) für Handys bekommt man schon ab zehn Euro. Apps zum Scannen gibt es – kostenpflichtig oder gratis – im Play Store für Android und im App Store für iPhone und iPad.

Zunächst sollte man die Abzüge mit einem Mikrofasertuch reinigen. Zum Abfotografieren müssen die Bilder plan aufliegen. Um das zu gewährleisten, kann man sie mit einer entspiegelten Glasscheibe, beispielsweise aus einem Bilderrahmen, beschweren. Damit verhindert man neben dem Verrutschen auch Lichtspiegelungen auf dem Foto. Die Beleuchtung sollte so ausgerichtet werden, dass sie nicht auf dem Original zu sehen ist Dazu sollte man ohne Blitz fotografieren und mit mehreren Lichtquellen, um Schatten zu vermeiden. Die Lichtquellen sollten zudem nur indirekt auf das Foto gerichtet sein.

Scan-Apps für iOS und Android

SwiftScan Pro (Maple Media) für iOS und Android scannt Belege, Magazinseiten, Infoblätter und vieles mehr über die Smartphonekamera ein. Danach lassen sich die erstellten PDFs auf dem eigenen PC oder in der Cloud (beispielsweise über Dienste wie Evernote) speichern und verwalten oder per Mail verschicken. Das Bezahlmodell wurde mehrmals geändert, die Grundfunktionen sind aber gratis nutzbar, der Preis für die Pro-Version mit ca. 22 Euro im Jahr moderat.

Microsoft Lens (Microsoft) ist ebenfalls für iOS und Android verfügbar und kostenlos. Aus den Scans werden PDFs erzeugt. Die Nutzung bietet sich insbesondere für die Zusammenarbeit mit anderen Microsoft-Produkten wie Office oder OneDrive an.

Mit **Negaview Pro** (Holiday Studio) für iOS und Android schließt sich der Kreis zur analogen Fotografie. Denn damit kann man Negative betrachten, bearbeiten und sichern – einfach über die Smartphonekamera. Es gibt einen Farb- und einen Schwarz-Weiß-Modus. Für rund drei Euro lassen sich so die in alten Fotodosen vergessenen Schätze retten.

Flachbettscanner

Auch mit einem Flachbettscanner lassen sich alte Papierbilder digitalisieren. Die Scaneinstellungen sind abhängig vom Ausgangsmaterial und vom Verwendungszweck. Für Fotobearbeitung und Druck sind 300 dpi ausreichend, will man später Bilddetails ausschneiden, sind 600 oder 1.200 dpi empfehlenswert. Soll der Scan größer werden als das Original, muss die dpi-Zahl entsprechend angepasst werden. Bei besonders kleinen Vorlagen wie etwa Dias ist man da schnell bei 2.400 dpi und mehr. Das bieten nur spezielle Foto- und Diascanner, die man ab etwa 200 Euro im Fachhandel bekommt. Mit sogenannten Multiscannern (ab etwa 100 Euro) lassen sich Fotos, Dias und Negative auch ohne PC scannen. Gespeichert wird auf handelsüblichen Speicherkarten.

Nachbearbeitung

Hochwertige Flachbettscanner werden mit Spezialsoftware für die Staub- und Kratzerentfernung und die Restaurierung von vom Zahn der Zeit angegriffener Aufnahmen ausgeliefert.

Mehr Möglichkeiten bieten professionelle Bildbearbeitungsprogramme wie Lightroom (► Seite 120ff) oder Affinity Photo (► Seite 127ff). Innerhalb von Affinity kann man über das Menü an der rechten Seite über „Anpassung" eine sogenannte Tonwertkorrektur vornehmen. In Form von Kurvendiagrammen wird angezeigt, wie viele Pixel einer bestimmten Graustufe in einem Schwarz-Weiß-Foto vorhanden sind. Verschiebt man den Regler nun jeweils an den Anfang und das Ende des Kurvenverlaufs, lassen sich verblasste Aufnahmen „zurückholen". Ebenfalls mit der Tonwertkorrektur kann man über den Tiefenregler die Rot-, Grün- und Blauwerte anpassen, um Farbstiche zu entfernen. Da man die Veränderungen direkt angezeigt bekommt, kommen auch Laien zu guten Ergebnissen. Danach schließt man das Menüfenster und klickt auf „Zusammenlegen", um das Ergebnis zu fixieren. Und natürlich: Abspeichern nicht vergessen!

Wem das alles zu mühselig ist, der kann seine alten Fotos auch einer Spezialfirma anvertrauen.

Archivierung: Digitale Bilder richtig aufbewahren

Neue Technologien neigen dazu, alte zu verdrängen – inklusive diverser Vorzüge, die das Bewährte gehabt haben mag. So haben Online-Speicher und Streaming-Dienste physische Datenträger nahezu verschwinden lassen. Das führt dazu, dass viele PCs und vor allem Notebooks gar keinen CD-/DVD-Brenner mehr haben. Trotzdem spricht für die klassischen Silberlinge so einiges: Die Daten bleiben, zumal in verschlüsselter Form, wirklich privat, man kann auch ohne Internet darauf zugreifen und sie können sicher vor Virenbefall aufbewahrt und denkbar einfach beschriftet werden. Ist kein Brenner vorhanden, kann man sich mit einem externen Laufwerk behelfen. Solche wahlweise per USB 3.0 oder USB Typ-C angeschlossene Geräte sind heute schon unter 20 Euro zu haben. Das einstige Chaos mit inkompatiblen Datenträgern ist heute auch kein Thema mehr: Nahezu alle Modelle auf dem Markt verarbeiten DVD+R und DVD-R gleichermaßen.

Trotz des niedrigen Anschaffungspreises sollten Sie beim Gerätekauf etwas genauer hinschauen. So gibt es noch eine Handvoll Modelle im Handel, die nicht brennen, sondern nur abspielen. In einem Praxistest der Zeitschrift „Computer Bild" (Heft 1/2021) wurden zwei Geräte der Hersteller Beva und Sawake identifiziert, die nur CDs brennen können, obwohl sie „DVD" sogar im Namen tragen. Erster wurde der „GP96YB70" von Hitachi-LG für 39 Euro, der sich sogar mit Android-Tablets und Smartphones verbinden lässt. Platz 2 belegte der zum gleichen Preis erhältliche „External Slimline Writer" von Verbatim. Das CD-/DVD-Laufwerk von Cocopa für 23 Euro bringt zusätzlich noch einen Speicherkartenleser mit. Zum Preis-Leistungssieger wurde das Modell von Salcar für 17 Euro erkoren, das allerdings mit einem sehr hohen Lärmpegel und einem kurzen Anschlusskabel auffiel.

Für große Datenmengen gibt es externe Blu-ray-Brenner. Auf die Rohlinge passen rund fünfmal so viele Daten wie auf DVDs, die bei 4,7 GB passen müssen. Die Datenträger sind allerdings auch zehnmal so teuer, entsprechende Brenner kosten 80 bis 120 Euro. Blu-ray-Laufwerke können so gut wie immer auch CDs und DVDs der unterschiedlichen Disc-Formate verarbeiten.

Achten Sie beim Kauf eines Blu-ray-Modells darauf, dass es auch sogenannte MDiscs verarbeiten kann. Das trifft beispielsweise auf den externen Blu-ray-Brenner von Verbatim zu, der verwirrenderweise ganz ähnlich wie die oben erwähnte DVD-Version schlicht „Verbatim External Slimline" heißt. MDiscs gibt es in verschiedenen Größen von 4,7 bis 100 GB. Mit Preisen zwischen 5 und 15 Euro sind die Rohlinge relativ teuer. Sie haben aber einen entscheidenden Vorteil: Sie halten, zumindest laut Hersteller, bis zu 1.000 Jahre. Zusammen mit den oben erwähnten Vorteilen macht sie das zu den idealen Datenträgern für die Archivierung wichtiger Daten. Einmal gebrannt, lassen sich die Informationen nicht mehr verändern und daher auch nicht versehentlich löschen oder von sogenannten Krypto-Trojanern unbrauchbar machen. Man kann sie an praktisch jedem Ort aufbewahren, in einen Safe legen oder – gesichert mit einem Passwort – an Vertrauenspersonen übergeben. Online-Speicher sind gut für schnelle Transaktionen, externe Festplatten fassen unglaubliche Mengen von Daten. Einen zuverlässigen Schutz vor fremden Blicken, Schädlingen oder technischem Versagen bieten sie aber nicht. Von USB-Sticks, denen mancher Zeitgenosse wertvolle Aufnahmen und Dokumente anvertraut, wollen wir hier gar nicht erst reden.

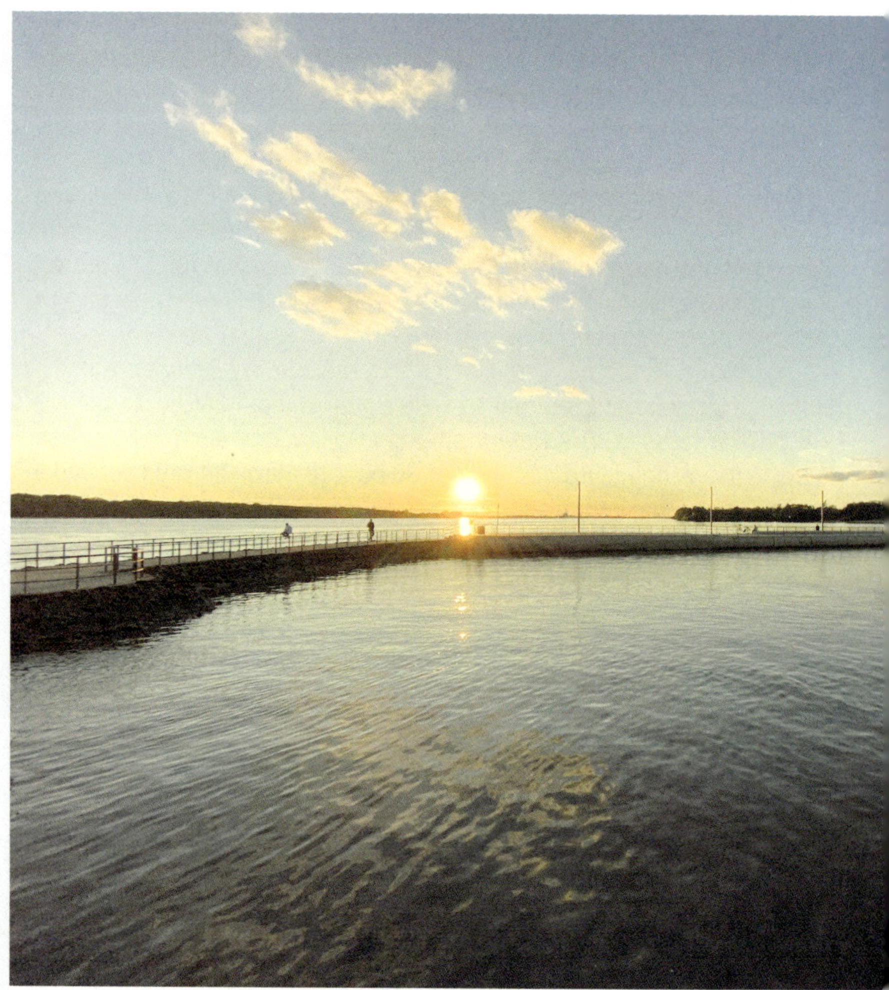

Rechtliches rund ums Foto

Der richtige Umgang mit eigenen und fremden Aufnahmen
im Zeitalter der Sozialen Medien

Urheber- und Nutzungsrechte

Auch wenn es nicht in böser Absicht geschieht, ist das Verwenden fremder Fotos im Internet eine heikle, weil streng geregelte Angelegenheit. Oft genug bot es bereits Anlass für kostspielige Abmahnungen durch Rechtsanwälte oder gar für Gerichtsverfahren. Was das mit Ihren privaten Aufnahmen zu tun hat? Das verbindende Element ist das Urheberrecht in Kombination mit den vom Urheber eingeräumten (oder eben nicht eingeräumten) Nutzungsrechten. Es sollte Ihnen bewusst sein, dass Fotos grundsätzlich und ganz automatisch rechtlich geschützt sind. Das gilt für professionelle Aufnahmen ebenso wie für private Schnappschüsse mit dem Handy, unabhängig davon, welches Motiv Sie fotografiert haben. Urheber ist immer die Person, die das Foto aufgenommen hat. Dies führt zu der etwas absurden Situation, dass ein Fremder, den Sie darum gebeten haben, mit Ihrem eigenen Smartphone ein Foto von Ihnen und Ihrer Familie zu machen, die Urheberschaft innehat. In einem solchen Fall kann man freilich davon ausgehen, dass er nicht darauf bestehen wird, als Urheber genannt zu werden und Ihnen zugleich stillschweigend die Nutzungsrechte für das Foto einräumt. Nur der Urheber hat jedenfalls das Recht, darüber zu bestimmen, ob und für welche Zwecke seine Fotos von Dritten verwendet werden dürfen, egal ob in Papierform oder in elektronischer Form.

Soziale Medien und ihr Haken

Wenn Sie Ihre Fotos auf Facebook, Instagram und Co. hochladen, bedeutet dies, dass Sie damit der Verwendung durch die Sozialen Medien zustimmen. Diese Zustimmung erteilen Sie, wenn Sie bei Einrichtung Ihres Benutzerkontos den Nutzungsbedingungen des jeweiligen Sozialen Mediums zustimmen. Üblicherweise erteilen Sie hier auch die Erlaubnis, dass Ihre Fotos von anderen Privatpersonen „geteilt" werden dürfen.

Wichtig! Es handelt sich dabei ausschließlich um das Teilen der vom Urheber selbst bereits veröffentlichten Bilder – ein Vorgang, der typisch ist für diese Plattformen. Strikt untersagt ist das Kopieren und öffentlich sichtbare Verwenden von Bildern in einem anderen Zusammenhang, und zwar auch dann, wenn man die Quelle angibt. In diesem Fall schützt auch Ehrlichkeit nicht vor Strafe. Die einzigen Ausnahmen: Sie haben vorab die Zustimmung des Urhebers für die Veröffentlichung eingeholt, oder der Urheber hat das Bild unter gewissen Auflagen zur Nutzung freigegeben (etwa im Rahmen eine Creative-Commons-Lizenz; siehe Kasten unten). Immer erlaubt ist hingegen das Anfertigen von Kopien für rein private Zwecke, ohne irgendeine Form der Weitergabe an Dritte.

Der eigentliche Haken, wenn man sich mit den Sozialen Medien einlässt, ist die Rechteübertragung an die Plattformen selbst, also das Erteilen einer sehr weitreichenden Nutzungslizenz. Die Anbieter holen sich im Zuge der Registrierung unter anderem die Zustimmung, die von den Nutzern geposteten Fotos kostenlos für ihre eigene Werbung einsetzen und auch modifizieren zu dürfen. Die Weitergabe bzw. der Weiterverkauf der Fotos an Dritte, also an Unternehmen außerhalb des Sozialen Mediums, ist in diesem Zusammenhang allerdings nicht zulässig und bedarf einer gesonderten Zustimmung.

Man verliert des Weiteren insofern die Kontrolle über seine Fotos, als sich eine Löschung des eigenen Benutzerkontos nur auf die nicht geteilten Bilder erstreckt. Was von anderen Nutzern geteilt wurde, bleibt trotz Löschung des eigenen Kontos auf Dauer online sichtbar – außer man wendet sich an jeden einzelnen dieser Nutzer und bittet ihn um gezielte Löschung der betreffenden Fotos auf seinem persönlichen Konto.

Creative Commons

Die Bezeichnung Creative Commons (CC) bedeutet übersetzt in etwa schöpferisches Gemeingut. Oft ist auch von Creative-Commons- oder CC-Lizenz die Rede. Fotos (oder auch Musikwerke) werden von den Urhebern unter bestimmten Bedingungen zur (oft sogar kostenlosen) Nutzung freigegeben, ohne dass man sie als Nutzer eigens um Erlaubnis fragen muss. Die jeweiligen Nutzungsbedingungen müssen aber auf jeden Fall eingehalten werden. Hinter Creative Commons steht eine Organisation, welche die verschiedenen Arten von CC-Lizenzen erarbeitet hat.

Panoramafreiheit und Kunstwerke

Eine Urheberrechtsregelung gibt es auch für Gebäude oder Kunstwerke im öffentlichen Raum, womit wir uns von der Frage, wer das Foto geschossen hat, jener nach dem abgelichteten Motiv zuwenden. Das Urheberrecht des Architekten oder Künstlers endet erst 70 Jahre nach seinem Tod. Trotzdem darf man als Privatperson zeitgenössische Gebäude oder Kunstwerke ablichten und ohne Zustimmung des Urhebers (oder dessen Erben) z.B. für Postings verwenden. Voraussetzung ist, dass man das Foto von einem öffentlich zugänglichen Platz aus geschossen hat. Dies nennt man Panoramafreiheit oder auch Freiheit des Straßenbildes – eine ganz wichtige Regelung nicht zuletzt für Sightseeing-Touren.

Was nun zeitgenössische Kunst im Allgemeinen betrifft, wird die Sache etwas komplizierter. Oben war die Rede von Denkmälern, Skulpturen etc., die dauerhaft im öffentlichen Raum aufgestellt sind. Temporäre Kunstinstallationen im öffentlichen Raum fallen hier nicht darunter, ebensowenig Werbeplakate oder Werke, die in Museen ausgestellt sind. In allen diesen Fällen ist die Weiterverbreitung eines selbst aufgenommenen Fotos nur dann ohne Zustimmung des Künstlers erlaubt, wenn das Kunstwerk lediglich im Hintergrund zu sehen, also Beiwerk ist. Wobei konkret von einem „unwesentlichen" Beiwerk die Rede ist. Das heißt, ein Selfie mit einem „echten Warhol" formatfüllend im Hintergrund wird als Posting vermutlich noch immer problematisch sein, eine Gesamtaufnahme des Ausstellungsraums, auf der man dann mehrere Bilder an den Wänden hängen sieht, hingegen nicht. Im Falle von Museen ist freilich vorab zu klären, ob das Fotografieren dort überhaupt erlaubt ist, egal ob die Ausstellung Werke von Andy Warhol oder Michelangelo zeigt.

Das Recht am eigenen Bild

Das Fotografieren im öffentlichen Raum führt zu einem weiteren Thema mit Bezug zu den abgelichteten Motiven. Es lässt sich oft nicht vermeiden, unbeteiligte Fremde auf den eigenen Fotos einzufangen, etwa Passanten oder Lokalbesucher. Trotzdem ist das Fotografieren grundsätzlich erlaubt, ohne dasss man die einzelnen Personen fragen müsste. Auch das Veröffentlichen eines solchen Fotos ist unbedenklich, solange es in einem unverfänglichen Rahmen erfolgt und die Abgebildeten ähnlich wie die oben erwähnten Kunstwerke quasi nur unwesentliches Beiwerk sind.

Heikel wird es, wenn z.B. der Bildtext einen anderen Zusammenhang herstellt, also das Foto und somit die abgebildeten Personen in einen anderen Kontext setzt (dazu zählen kompromittierende Behauptungen ebenso wie Werbung). Heikel wird es auch, wenn man als Teilnehmer einer Reisegruppe oder eines Schulausflugs die anderen Teilnehmer fotografiert, oder wenn bestimmte (auch fremde) Personen gezielt herausgehoben werden. Wird ein solches Foto ohne Zustimmung der Abgebildeten veröffentlicht, dann verletzt dies ebenfalls deren berechtigte Interessen. Eine Ausnahme stellen lediglich Personen des öffentlichen Lebens dar, die damit rechnen müssen, fotografiert zu werden. Aber auch die dürfen nicht paparazzimäßig in einem kompromittierenden Zusammenhang dargestellt oder für eigene Werbezwecke verwendet werden.

Kinderfotos

Ein Punkt, der gesondert behandelt werden muss, sind Kinderfotos, die ja von Eltern und Großeltern mitunter gerne mit anderen geteilt werden. Dies geschieht – weil die Datenschutzproblematik mittlerweile ins Bewusstsein vieler Nutzer gedrungen ist – oft weniger über Facebook oder Instagram, sondern über WhatsApp und andere Messenger-Dienste. Allerdings muss man auch hier die Grundregeln beachten.

Auch Kinder haben ein Recht am eigenen Bild, bis zu einem Alter von 14 Jahren haben sie jedoch nach Ansicht des Gesetzgebers noch nicht das entsprechende Urteilsvermögen, um über die Veröffentlichung von Fotos, auf denen sie abgebildet sind, zu entscheiden. Zugleich dürfen die Erziehungsberechtigten aber nicht anstelle der Kinder eine verbindliche Zustimmung erteilen. Kinder könnten zu einem späteren Zeitpunkt das Recht aufs eigene Bild sogar gerichtlich einklagen, und zwar auch gegen ihre Eltern.

Was also tun? Empfehlenswert ist es, Kinder aktiv in den Entscheidungsprozess miteinzubeziehen. Außerdem sollte man die Gruppe an Personen, an die man die Fotos elektronisch verschickt, klein und überschaubar halten und auch ihnen den richtigen Umgang damit erklären. Auch hier gilt nämlich: Kopien für rein private Zwecke sind immer erlaubt. Problematisch ist hingegen das Weitergeben dieser Fotos ohne Zustimmung des Urhebers. Das bedeutet in der Praxis: Als Großeltern sollte man sich über die per WhatsApp erhaltenen Fotos von den Enkelkindern freuen, sie aber nicht ungefragt an andere Personen weiterleiten, selbst wenn es sich um Verwandte oder Freunde handelt.

Service

Stichwortverzeichnis

S

T

U

V

W

Z

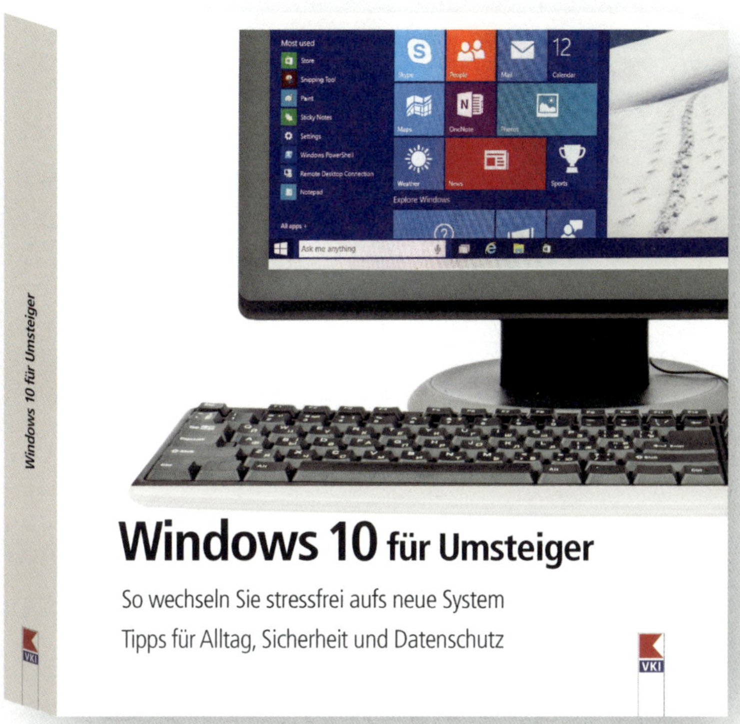

Für Nutzer von Windows 7 ist die Zeit des Umstiegs bereits gekommen, wer die Version 8.1 verwendet, hat noch eine kurze Schonfrist. Bald wird Windows 10 jedenfalls das einzige Computerbetriebssystem aus dem Hause Microsoft sein, das regelmäßige Aktualisierungen und Sicherheitsupdates erhält. Wer weiterhin einen Windows-Computer nutzen möchte, dem bleibt die Umgewöhnung keinesfalls erspart. Dieses Buch hilft Ihnen beim Umstieg, egal ob Sie auf einem vorhandenen Computer ein Upgrade des Betriebssystems durchführen möchten oder einen Neukauf mit vorinstalliertem Windows 10 ins Auge gefasst haben. Und es geht im Detail auf die von Ihnen beeinflussbaren Datenschutzeinstellungen ein, denn so modern und vielseitig Windows 10 ist, so sehr ist es auch auf das Sammeln von Nutzerdaten ausgelegt.

broschiert, 224 Seiten, € 19,90
ISBN 978-3-99013-090-2
www.konsument.at/windows10

Weitere KONSUMENT-Bücher
im Buchhandel oder im Online-Shop auf www.konsument.at

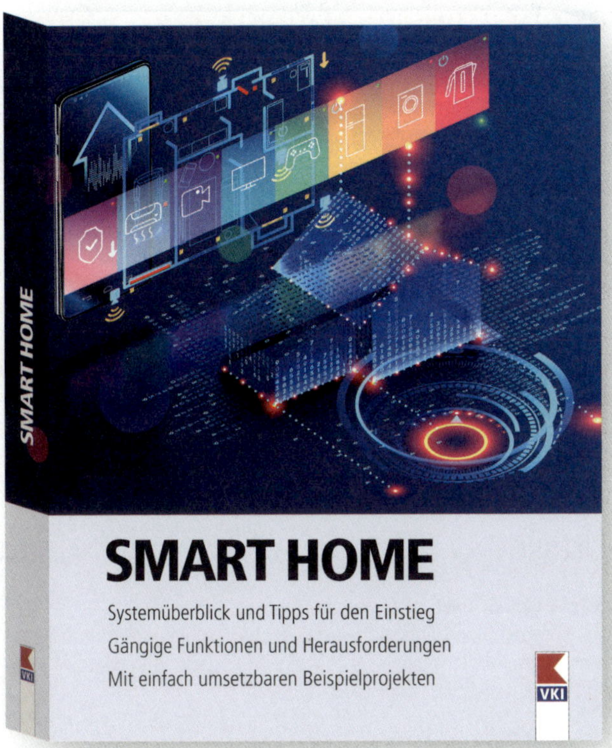

Smart Home verspricht intelligentes und komfortables Wohnen. Mittels entsprechender Technologien werden Alltagsvorgänge automatisiert und Einstellungen, wie beispielsweise von Heizung, Licht und Lautsprechern, per Computer oder Smartphone schnell und einfach an persönliche Bedürfnisse angepasst. In den vergangenen Jahren wurden zahlreiche Systeme, Standards, Plattformen und Geräte herausgebracht, die unter dem Oberbegriff Smart Home die Wohnräume der Menschen erobern sollen. Im Dschungel der Möglichkeiten verliert man allerdings schnell die Orientierung. Dieses Buch hilft Smart-Home-Interessierten und -Nutzern dabei, die Übersicht zu bewahren und ermöglicht einen einfachen Einstieg. Von A wie Automation bis Z wie Zigbee und Z-Wave werden Hintergründe, Möglichkeiten, Standards und Systeme erläutert und gezeigt, wie sich smarte Projekte Schritt für Schritt umsetzen lassen.

Flexcover, 160 Seiten, 19,90
ISBN 978-3-99013-092-6
www.konsument.at/smarthome

Weitere KONSUMENT-Bücher
im Buchhandel oder im Online-Shop auf www.konsument.at

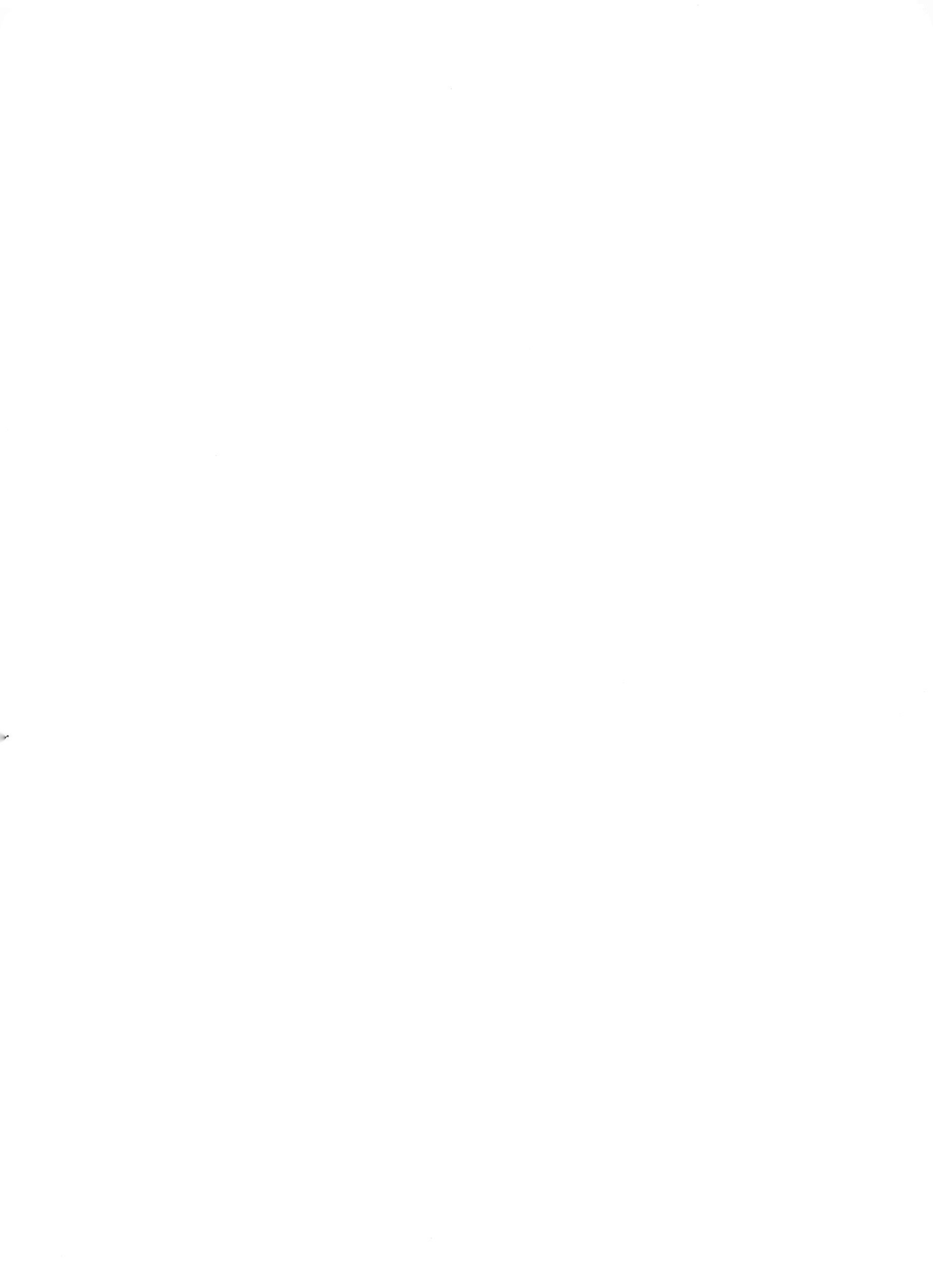